Inhaltsverzeichnis

Inhaltsverzeichnis

Vorwort / über Home is where your Bag is

Wir, Marcel und Tobi, haben 2012 den Blog **Home is where your Bag is** zusammen gegründet. Damals noch unter einem anderen Namen und mit Fokus auf die bevorstehende **Weltreise**, die von Januar bis Ende Juni 2013 auf dem Plan stand.

Aus der geplanten Weltreise wurde dann eine Reise nach **Südostasien und Ozeanien**, da die Pläne unterwegs nochmal umgeworfen wurden. Aber gerade das macht die Freiheit auf Reisen doch aus – einfach da bleiben, wo es uns gefällt und andere Orte dafür auslassen.

Mittlerweile hat sich daraus viel mehr entwickelt, als ursprünglich gedacht und unsere **Faszination für die südostasiatischen Länder** sich um ein Vielfaches verstärkt. Der Hauptschwerpunkt liegt daher auf Südostasien und insbesondere Thailand. Aber auch außerhalb von Asien sind wir immer mal wieder unterwegs.

Insgesamt haben wir seit 2012 über 36 Monate in Thailand verbracht und das Land intensiv erkundet. Daraus ist dann schließlich dieser Routenguide entstanden.

Wir möchten dir hiermit alle Infos, die du für deine erste oder weitere Reisen nach Thailand benötigst, mit auf den Weg geben. Neben Tipps zum Transport, Visum, Essen, den Reisezeiten u.v.m. geht es vor allem um die **Routenplanung**.

Wir haben **8 Routen** (Gesamtdauer jeweils 3–4 Wochen) inklusive Transport von A nach B für dich zusammengestellt und hoffen, dass dir diese bei deiner Reiseplanung behilflich sein können. Übrigens, die einzelnen Highlights aller 8 Routen können natürlich auch bei denselben Orten gerne miteinander kombiniert und getauscht werden.

In diesem Sinne – viel Spaß beim Lesen und natürlich dann auf deiner Thailand-Reise!

Tobi & Marcel

Warum du nach Thailand reisen solltest

Thailand ist ein **super Einstiegsland**, um das erste Mal auf Fernreise zu gehen oder mit dem Rucksack unterwegs zu sein. Es gibt viele Reisende vor Ort, die dasselbe machen und du findest leicht Anschluss, auch wenn du alleine reisen solltest.

Das Land des Lächelns ist für **jedes Budget** geeignet. Egal, ob du etwas mehr Geld für deinen Urlaub angespart hast und dir tolle 5 Sterne Unterkünfte leisten möchtest oder ob du etwas auf deine Tagesausgaben achten musst und in Mehrbettzimmern in Hostels übernachtest. In Thailand ist alles möglich.

Großstädte, urbanes Leben, atemberaubende Landschaften, bunte Unterwasserwelten, traumhafte Strände, unzählige Märkte, faszinierende Festivals – die Möglichkeiten deine Reise in Thailand zu gestalten sind vielfältig und selbst ein ganzer Monat reicht kaum aus, um das Königreich zu entdecken.

Das **thailändische Essen** (siehe S. 192) ist ebenfalls ein Grund, warum du das Land besuchen solltest. Die Küche ist weltweit bekannt und neben den Standardgerichten wie *Pad Thai* oder *Khao Pad* (gebratener Reis) gibt es zahlreiche köstliche Gerichte zur Auswahl. Von diversen Curries bis zur Isaan Küche mit dem berühmten Papaya-Salat findest du mit Sicherheit etwas, das deinen Geschmack trifft.

Das Land ist ebenfalls für die **Freundlichkeit** und **Hilfsbereitschaft** der Thais bekannt, die meistens ein Lächeln auf den Lippen haben. Die überwiegende Mehrheit, die wir in über 3 Jahren Thailand kennengelernt haben, sind herzensgute Menschen und nicht umsonst trägt Thailand den Beinamen Land des Lächelns.

Ab und zu kann es zwar ein paar Sprachprobleme geben, da das **Englisch** der Einwohner nicht immer das Beste ist. Mit einem Lächeln und etwas Zeichensprache kommst du sicherlich an dein Ziel. Eine kleine Hilfestellung findest du im kompakten Sprachguide auf Seite 209.

Thailand ist ein **günstiges Land** und **einfach zu bereisen**. Ob wenig oder viel Budget, das Land wird dich mit Sicherheit in seinen Bann ziehen.

Schau dir am besten gleich unsere **Routenvorschläge** mit den Highlights der jeweiligen Orte an. Hier ist bestimmt etwas für deine perfekte Reise durch Thailand dabei!

Koh Lipe

Reisezeit

Koh Mook

In Thailand gibt es keine 4 Jahreszeiten wie in Deutschland bzw. Europa. Grundsätzlich wird in Thailand zwischen 2 Jahreszeiten unterschieden:

Trocken- und Regenzeit, sowie eine Zeit dazwischen, die nicht ganz in eine der beiden Kategorien eingeordnet werden kann. Richtig kalt wird es sehr selten und eigentlich auch nur in den nördlichen Regionen des Landes.

Trockenzeit:

In dieser Jahreszeit gibt es **selten Regen** und die Temperaturen können manchmal die 40 Grad Marke erreichen (besonders im April).

Allgemein ist die Trockenzeit jedoch in vielen Regionen unterschiedlich und schwierig in bestimmte Monate einzugrenzen. Von der Westküste bis zur Ostküste kann es schon einen großen Unterschied geben.

Regenzeit:

Auch wenn sich das Wort Regenzeit im ersten Augenblick schlimm anhört, ist es das gar nicht so sehr. Die Tourismusindustrie hat für diese Zeit mal den Begriff "Green Season" eingeführt, um mehr Leute zu ermutigen auch in der Regenzeit nach Thailand zu reisen.

Wie der Begriff vermuten lässt, ist zu dieser Zeit nämlich alles **schön grün**. Ja, es kann auch mal länger regnen und mit sehr viel Pech kann das Wetter ein paar Tage mal schlechter sein. Normalerweise hört so ein tropischer Schauer nach **ca. 1 Stunde** auf und du kannst den restlichen Tag noch genießen.

Trotz der Beschreibung dieser beiden Jahreszeiten bleibt natürlich weiterhin die Frage offen, welches denn nun die beste Reisezeit für das Land des Lächelns ist?

Wir werden diese nun einmal für dich nach Regionen aufgliedern:

Der Norden – Chiang Mai, Chiang Rai, Sukhothai etc.

November bis Mai (Trockenzeit)

Die trockenste Zeit des Jahres, wobei es von November bis Februar gerade in den nördlichsten Regionen und Gebirgen auch mal ein wenig kühler werden kann. Die Temperaturen können dabei auch mal unter die 20 Grad Marke fallen.

Juni bis Oktober (Regenzeit)

Hier kann es zu starken Regenfällen bis hin zu Überschwemmungen kommen. Trotzdem ist es im Juni oft noch sehr heiß, was wiederum teils zu Gewittern führen kann.

Bangkok

Zentralthailand – Bangkok, Ayutthaya etc.

November bis April (Trockenzeit)

Dies ist die trockenste Jahreszeit dieser Region. März und April werden oft als die heißesten Monate bezeichnet, in denen das Thermometer gerne mal die 40 Grad erreicht.

Mai bis Oktober (Regenzeit)

Der regenreichste Monat ist der September, in dem es durchschnittlich bis zu 17 Tage Regen gibt. Auch in den anderen Monaten ist mit starken, aber oft kurzen Schauern zu rechnen.

Der Süden (Westküste) – Phuket, Krabi, Koh Phi Phi, Koh Lanta, Koh Lipe etc.

November bis April (Trockenzeit)

Die beste Reisezeit für die Westküste des Südens. Wenig Regen und viel Sonne.

Mai bis Oktober (Regenzeit)

Zu dieser Zeit kann es teilweise zu sehr starken Regenfällen kommen und z.B. in Phuket sind die Straßen dann in manchen Gebieten möglicherweise überschwemmt.

Koh Samui und Koh Phangan

Der Süden (Ostküste) – Koh Samui, Koh Phangan, Koh Tao etc.

Ende Dezember bis Mai (Trocken- und Hauptreisezeit)

Hochsaison, da hier statistisch der wenigste Regen fällt. Trotzdem gab es in den letzten Jahren im Dezember und Januar noch einige Regenschauer.

Juni bis August (Ferienzeit)

Die Inseln sind ein Ganzjahresziel und deshalb auch besonders in Europas Ferienzeit im Juli und August gut besucht. Es kann zwar ein paar Schauer geben, aber nach 1–2 Stunden sind diese oft vorbei.

September bis Ende Dezember (Regenzeit)

In dieser Zeit kann es öfters zu starken Regenfällen und Stürmen kommen.

Visum

Für Thailand gibt es viele verschiedene Arten von Visa. Im Folgenden werden wir auf die 3 meistgenutzten Visa-Arten eingehen:

1. Kein Visum

Wenn du zum ersten Mal nach Thailand reist oder nur für ein paar Wochen Urlaub machen möchtest, dann benötigst du **kein Visum**. Oft wird dieses fälschlicherweise als ***Visa on Arrival*** betitelt, ist in Wirklichkeit aber gar keins.

Bei der Einreise ohne Visum bekommst du am Immigrationsschalter des Flughafens (oder falls du über Land einreist an der Grenze) einen Stempel für **30 Tage** in deinen Reisepass (Achtung: dein Reisepass muss bei Ausreise noch **6 weitere Monate** gültig sein). Für Österreicher und Schweizer gilt dieselbe Regelung.

Dieses "Visum" kannst du in einem beliebigen Immigration Office in Thailand (z.B. Koh Samui) um weitere 30 Tage gegen eine Gebühr von 1900 Baht (ca. 50€) einmalig **verlängern**. Für einen normalen Urlaub oder um das Land erstmalig zu erkunden, sollte diese Art der Einreise für die Meisten ausreichen.

Hinweis 1: Der Gültigkeitszeitraum, auch als "Enter before" auf dem Visum angegeben, zeigt dir bis wann du dein Visum nutzen kannst. Solltest du nach diesem Datum einreisen, ist das Visum nicht mehr gültig und verfällt.

2. Touristenvisum

Das Touristenvisum gibt es in 2 verschiedenen Ausführungen:

- 1 Einreise mit 60 Tagen Aufenthalt (Visum ist 3 Monate gültig), Kosten: 30€
- mehrmalige Einreise mit Aufenthalten von jeweils 60 Tagen (Visum ist 6 Monate gültig), 150 €. Nur im Heimatland beantragbar.

Dieses Visum muss **vorab in Deutschland** bzw. in einem Land außerhalb Thailands bei der thailändischen Botschaft beantragt werden. In Deutschland ist dies bei der Botschaft in Berlin, sowie in den 5 Konsulaten in Hamburg, Frankfurt, Essen, Stuttgart und München möglich. Auch dieses Visum lässt sich vor Ort in Thailand um weitere 30 Tage mit einer Gebühr von 1900 Baht (ca. 50€) bei einem Immigration Office **verlängern**. Dein Reisepass muss bei dieser Art der Einreise ebenfalls noch **weitere 6 Monate** bei deiner Ausreise (auch bei mehreren Einreisen) gültig sein.

Wenn du also einen längeren Aufenthalt planst oder sogar ein paar längere, z.B. während einer Langzeitreise, empfehlen wir dir dieses Visum vor deiner Reise zu beantragen.

Hinweis 2: Überziehe niemals dein Visum! Für Overstay kannst du in Abschiebehaft kommen, wenn du erwischt wirst. Ansonsten fallen 500 Baht pro überzogenem Tag bei Ausreise an.

3. Non Immigrant Visum

Wenn dir die beiden erstgenannten Einreise- bzw. Visamöglichkeiten nicht ausreichen, kannst du unter bestimmten Voraussetzungen ein Non Immigrant Visum beantragen. Die 3 bekanntesten Arten hierbei sind folgende:

ED – dieses Visum gilt für Schüler und Studenten mit einem Aufenthalt bis zu 1 Jahr. Als Schüler gelten auch Leute, die z.B. eine Sprachschule besuchen, um die Landessprache zu erlernen. Das Visum muss aber trotzdem vor Ort alle 90 Tage bei der Immigration verlängert werden – allerdings ohne ausreisen zu müssen.

B – für Leute, die ein Business in Thailand eröffnen oder einer Arbeit nachgehen möchten. Gültigkeit bis zu 1 Jahr mit mehreren Ausreisen möglich.

O – auch Rentnervisum genannt. Dieses Visum ist nur ab einem Alter von 50 Jahren möglich oder wenn du mit einer/einem Thai verheiratet bist. Leute über 50 Jahre müssen ein bestimmtes monatliches Einkommen von mind. 1200 € oder einen Vermögensnachweis von 5000 € erbringen (Vorlage des Kontoauszugs). Das Visum ist bis zu 1 Jahr gültig, wobei du nur 90 Tage am Stück in Thailand bleiben kannst. Danach musst du aus- und wieder einreisen. Die Kosten für dieses Visum liegen bei 60 € für eine einmalige Einreise und 150 € für mehrere Einreisen.

Die aktuellen Anforderungen zur Beantragung eines Visums findest du hier:

http://german.thaiembassy.de/visaarten-und-erforderliche-unterlagen

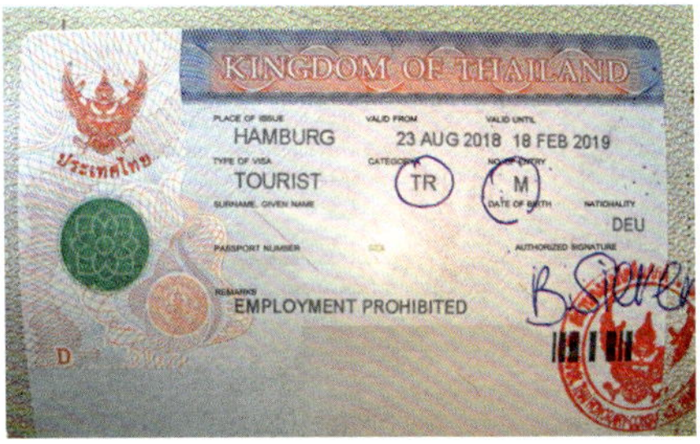

Verlängerung vor Ort

Wie bei den Visa-Arten kurz beschrieben, kannst du deine Reise ohne Visum und auch dein Touristenvisum um **weitere 30 Tage im Land verlängern**. Dazu benötigst du ein Antragsformular (liegt vor Ort bei der Immigration aus), 1 Passbild, eine Kopie der ersten Seite deines Reisepasses, eine Kopie deines Visums sowie vom Einreisestempel, eine Kopie deiner Departure Card, die Adresse deiner Unterkunft, 1900 Baht in Bar und natürlich deinen Reisepass.

Je nachdem wie viel auf dem Immigrationsbüro los ist, wenn du dein Visum verlängerst, kann dies schon **2–3 Stunden** Wartezeit in Anspruch nehmen. In der Regel hast du deinen Reisepass nach einer kurzen Wartezeit wieder in der Hand und kannst ihn mit nach Hause nehmen. Du solltest allerdings **Montage und Freitage vermeiden**. Empfehlenswert ist es außerdem früh am **Morgen** zu kommen, wenn das Immigrationsbüro öffnet.

Visa Run

Ein Visa Run wird an vielen Orten Thailands angeboten. Das heißt du wirst bei diesem Service über die Grenze in ein anderes Land und dann wieder zurück nach Thailand gebracht. Bis 2014 war dies eine gängige Methode, um seine Aufenthaltsgenehmigung "zu verlängern".

Dies ist jedoch heute nur noch **bedingt möglich**. Wenn du ein Nachbarland besuchen möchtest und dort für ein paar Wochen bleibst, ist es normalerweise kein Problem wieder in Thailand einzureisen. Ein wirklicher Visa Run bzw. Border Run funktioniert heutzutage nur noch, wenn du ein Touristenvisum besitzt und damit deine nächste Einreise aktivierst. Wenn du also vor hast länger in Thailand zu bleiben als 30 bzw. 60 Tage, raten wir dir zu einem Touristenvisum.

Mehrfache Einreisen sollen zwar auch ohne Touristenvisum funktionieren, jedoch liegt das alles im Ermessen des Immigrationsbeamten. Über Land darfst du ohne Visum nur noch **zweimal jährlich** einreisen. Die Einreise mit dem Flugzeug ist von dieser Regel ausgeschlossen.

Gut ist es außerdem, wenn du eine Hotelbuchung oder ein **Weiterreiseticket** nachweisen kannst, falls die Beamten an der Immigration danach fragen. Dies kommt jedoch sehr selten vor.

Eine Reise nach Thailand muss grundsätzlich nicht allzu lange vorbereitet werden. Ein paar Dinge solltest du vor der Abreise aber dennoch beachten.

Arztbesuch & Impfungen

Bei einem kurzen Urlaub ist es vielleicht nicht nötig, aber wenn du auf eine Langzeitreise gehst, dann solltest du dich vorher von deinem Hausarzt noch einmal **gründlich durchchecken** lassen. So kannst du es eventuell vermeiden im Ausland schnell zum Arzt zu müssen.

Auch solltest du nicht vergessen, dass du die **Standardimpfungen** wie z.B. Hepatitis A+B, Typhus, Polio, Diptherie, Tetanus zur Not nochmal auffrischen lässt. Dies sollte eigentlich alle 10 Jahre passieren. Mehr Informationen zu Impfungen findest du beim Auswärtigen Amt. Im Zweifel kannst du auch einen in Tropenmedizin bewanderten Arzt aufsuchen und dich bei ihm informieren.

Eine Impfung gegen **Tollwut** haben wir zwar vor einigen Jahren machen lassen, jedoch ist diese in Thailand nicht zwingend notwendig. Es gibt zwar viele freilaufende Hunde und auch ein paar Affen, im Normalfall passiert aber nichts. Wenn du sichergehen willst, dann solltest du darüber nachdenken dich impfen zu lassen. Wenn du diese Impfung machen willst, musst du jedoch etwas Zeit einplanen. Die Impfungen werden im Abstand von mehreren Wochen vorgenommen.

Eine **Malaria-Prophylaxe** benötigst du für Thailand grundsätzlich nicht. Die meisten touristischen Gegenden gelten als malariafrei. Wenn du auch hier sichergehen möchtest, kannst du dir ein Arzneimittel wie Malarone kaufen und es als Notfall-Stand-by-Medikament mitnehmen. Solltest du jedoch Anzeichen verspüren, dass du Malaria haben könntest, dann suche sofort den nächsten Arzt oder ein Krankenhaus auf.

Die Tropenkrankheit **Dengue-Fieber** wird von der tagaktiven Tigermücke übertragen. Die Anzeichen sind dieselben wie bei Malaria, z.B. Abgeschlagenheit, hohes Fieber, schmerzende Glieder, Kreislaufbeschwerden. Die Krankheit ist in vielen tropischen Gebieten verbreitet und es gibt aktuell keine mögliche Impfung oder vorsorgliche Medizin gegen Dengue. In vielen touristischen Gegenden Thailands kommt diese Krankheit doch glücklicherweise selten vor. Solltest du Anzeichen verspüren, dann suche am besten sofort einen Arzt auf. Schützen kannst du dich nur, indem du lange Kleidung trägst, Mückenspray nutzt und dich von Wasseransammlungen wie Seen, Flüssen, Pfützen, großen Eimern oder sonstigen feuchten Gebieten fernhältst.

Allgemeines vor der Abreise

Achtung: Wir sind natürlich keine Ärzte und möchten keine der Krankheiten verharmlosen. Im Zweifelsfall solltest du also immer einen bewanderten Arzt oder Tropenarzt konsultieren und dich von ihm beraten lassen. Wir geben hier nur unsere persönlichen Erfahrungen weiter.

Auslandskrankenversicherung

Ein ganz wichtiger Punkt, der nicht zu unterschätzen ist. Schließe eine Krankenversicherung für das Ausland ab, das ist **absolute Pflicht**. In Deutschland gibt es unzählige Anbieter von Auslandskrankenversicherungen. Diese kosten meist zwischen 7 und 10 Euro pro Jahr und versichern dich bis zu sechs Wochen im Jahr während eines Urlaubs.

Falls du länger als diese sechs Wochen unterwegs bist, dann solltest du eine **Langzeit-Krankenversicherung** abschließen. Wir können die ***Hanse Merkur*** empfehlen. Sie kostet ohne Aufenthalt in den USA und Kanada ca. 35 € pro Monat. Ansonsten kannst du auf **www.reiseversicherung.com** viele Versicherungen vergleichen.

Wichtig beim Abschluss dieser Versicherung sind die Höhe der Selbstbeteiligung, die Rettung und der medizinisch sinnvolle Rücktransport in dein Heimatland. Lies dir deshalb die Leistungen der Versicherung **ganz genau durch**, bevor du sie abschließt.

Info: Die meisten der Auslandskrankenversicherungen kannst du heutzutage online abschließen. Dies geht schnell und ist auch noch kurz vor deiner Reise möglich ist.

Dokumente online sichern

Ein Punkt, der auch nicht vergessen werden sollte, ist die Sicherung deiner Dokumente. Sollte z.B. dein **Reisepass** abhandenkommen, ist es unter Umständen einfacher einen neuen Pass zu beantragen, wenn du eine Kopie deines aktuellen Reisepasses besitzt.

Wir nutzen hierfür den Speicher ***Google Drive*** von Google, den du automatisch bekommst, sobald du einen Google-Account eingerichtet hast (15 GB gratis). Auch empfehlen können wir den Service von Dropbox. Hier bekommst du mit dem Basic-Konto immerhin 2 GB gratis zur Verfügung gestellt.

Der Vorteil an einem Online-Speicherservice ist, dass du jederzeit von überall auf deine Dokumente Zugriff hast.

Dokumente, von denen wir eine Kopie vor Reiseantritt machen und welche wir dir ebenfalls empfehlen würden, sind: Reisepass, Personalausweis, Führerschein/internationaler Führerschein, Impfpass, Kreditkarten, einen Beleg der Auslandskrankenversicherung und alle wichtigen Kontaktdaten von zu Hause. Auch die Sicherung deiner TAN-Liste für das Online-Banking wäre sinnvoll, sofern du Überweisungen tätigen musst.

Anreise nach Thailand

Bangkok – Suvarnabhumi Airport

Die meisten Besucher, die in Thailand ankommen, landen in **Bangkok**. Der *Suvarnabhumi International Airport* ist auch der größte in Thailand und neben dem *KLIA* in Kuala Lumpur das Drehkreuz in den südostasiatischen Ländern.

Wenn du aus **Deutschland** bzw. aus Europa anreist, dann wirst du höchstwahrscheinlich in Bangkok, Phuket oder Krabi landen. Das sind die einzigen drei Flughäfen in Thailand, die auch von **europäischen oder arabischen Airlines** angeflogen werden.

Wenn du aus einem **anderen Land** Südostasiens anreist, dann gibt es für die Einreise nach Thailand auch noch die internationalen Flughäfen von Bangkok (Don Mueang), Chiang Mai, Surat Thani, Koh Samui oder Hat Yai.

Gibt es einen Direktflug nach Thailand?

Ja, den gibt es. Aus Deutschland kannst du z.B. mit Thai Airways, Lufthansa oder Eurowings ohne Zwischenstopp nach Bangkok fliegen. Dies geht von Frankfurt, München und Köln.

Viele Reisende wählen oft einen Flug mit **Zwischenstopp**. Hier gibt es eine viel größere Auswahl an Fluggesellschaften und die Preise sind meistens auch günstiger.

Da wären z.B. Emirates (über Dubai), Etihad (über Abu Dhabi), KLM (über Amsterdam), Air France (über Paris), FinnAir (über Helsinki) und noch einige mehr. Die Auswahl ist groß und das spürst du auch ein wenig am Preis.

Anreise nach Thailand

Was kostet ein Hin- und Rückflug nach Thailand?

Grundsätzlich würden wir, wenn es möglich ist, **immer** einen Hin- und Rückflug buchen, da z.B. ein einzelnes Ticket für den Hinflug oft schon deutlich mehr als die Hälfte eines Hin- und Rückflugs kostet.

Für Flüge mit **Zwischenstopp** fangen die Preise bei 500€ an und können je nach Saison und Wochentag schon mal bis zu 1000€ kosten. Am besten fliegst du **in der Woche** und nicht in der **Hauptferienzeit**. Dann bekommst du ein gutes Ticket z.B. mit Emirates zwischen 600–800€ und hast eventuell, je nach Flugzeiten, auch noch einen kurzen Aufenthalt in Dubai inklusive.

Wo buche ich meinen Flug?

Entweder kannst du deinen Flug ganz klassisch über ein **Reisebüro** in Deutschland buchen oder auf der Webseite der jeweiligen Fluglinie.

Um die Preise zu vergleichen, können wir dir Momondo oder Skyscanner empfehlen. Hierüber findest du immer den besten Preis. Es werden alle Airlines verglichen und du kannst dann deinen Flug bequem buchen. Für Gabelflüge ist Momondo ausgezeichnet.

Vergleiche die Preise einfach über ein paar Tage oder Wochen, um das persönlich beste Angebot für dich zu finden.

Tipp: Buche nicht zu früh, aber auch nicht zu spät. Laut Statistiken soll das Buchen eines Langstreckenfluges ca. 50 Tage vor Abreise am günstigsten sein. Der Dienstag oder Mittwoch als Abflugstag ist oft der günstigste.

Route 1

Kultur & Strand

Die erste Route ist für dich, wenn du ein Kultur- und Strandfan bist. Sie ist die perfekte Mischung aus City, Tempeln, alten Ruinen und wunderschönen Stränden.

Von Thailands Hauptstadt **Bangkok** mit dem Königspalast, dem Wat Arun und vielen weiteren atemberaubenden Tempeln, geht es über die Ruinen des alten Siams in **Ayutthaya** in die kulturell wichtigste und größte Stadt Nordthailands – **Chiang Mai**. Neben den vielen Tempeln hat Chiang Mai auch einen super Nachtmarkt zu bieten, der definitiv einen Besuch wert ist.

Nach dem ganzen Besichtigen zahlreicher buddhistischer Tempelanlagen wird es dann Zeit für Strand, Sonne und Palmen. Der Golf von Thailand ruft.

Hier liegen die 3 Inseln **Koh Samui, Koh Phangan** und **Koh Tao**. Einsame Strände, wunderschöne Buchten, eine tolle Unterwasserwelt, Nachtmärkte und auch die eine oder andere Party lassen die Zeit wie im Flug vergehen.

Route 1: Übersicht

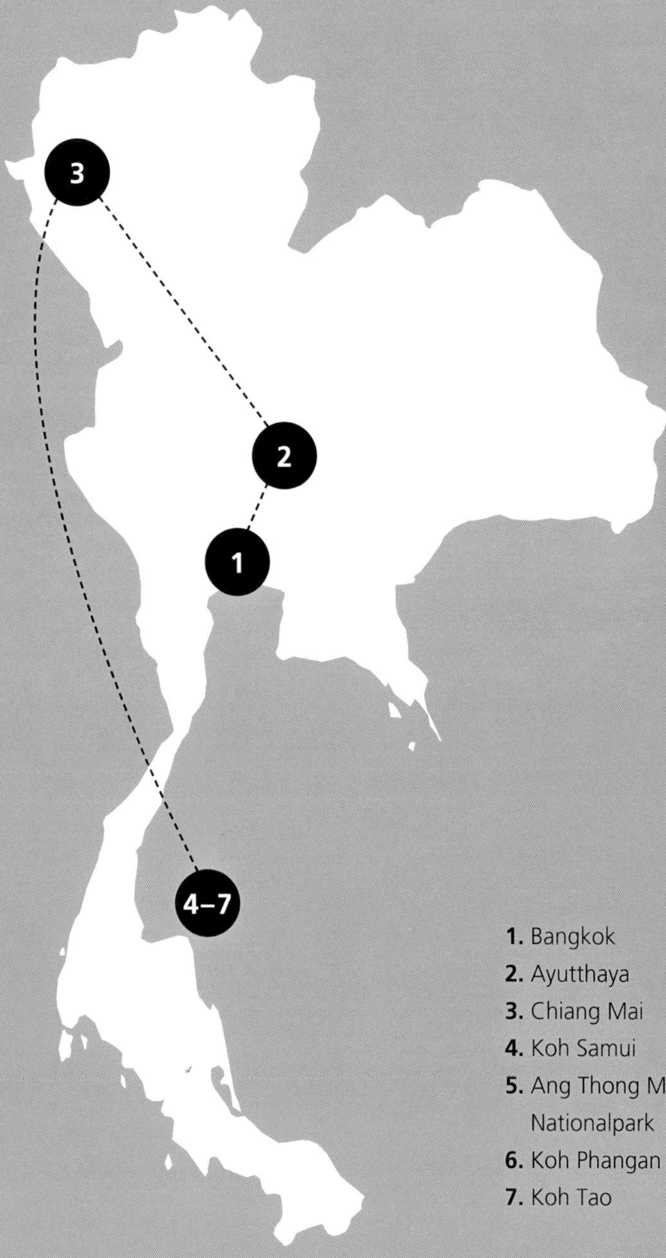

1. Bangkok
2. Ayutthaya
3. Chiang Mai
4. Koh Samui
5. Ang Thong Marine Nationalpark
6. Koh Phangan
7. Koh Tao

Highlights: Bangkok

Dauer: 3–4 Tage

Wat Phra Kaeo

Kosten: 500 Baht Eintritt
Wann: 8:30–15:30 Uhr
Achtung: Es müssen die Knie und Schultern bedeckt sein. Wenn du keine richtige Kleidung dabei hast, kannst du dir diese am Eingang gegen eine kleine Gebühr ausleihen.

Wat Phra Kaeo

Dies ist der Tempel des *Smaragd-Buddha* im alten Königspalast von Bangkok. Im Inneren findest du viele beeindruckende mit Gold verzierte Pagoden und Chedis. Ein Pflichtbesuch in Thailands Hauptstadt.

Wat Arun

Der *Tempel der Morgenröte*, wie er auch umgangssprachlich genannt wird. Ein mit Mosaiksteinen verziertes Meisterwerk. Besonders schön beim Sonnenauf- bzw. Sonnenuntergang.

Kosten: 50 Baht Eintritt
Wann: 7:00–17:00 Uhr
Achtung: Es müssen die Knie und Schultern bedeckt sein, wie in jedem buddhistischen Tempel Thailands.

Highlights: Bangkok

Sirocco Bar – Lebua at State Tower

Kosten: Kein Eintritt. Um die Aussicht zu genießen, musst du aber einen Drink an der Bar bestellen. Preis ca. 300 bis 500 Baht.
Achtung: Es wird ordentliche Garderobe erwartet, also keine Shorts für Männer und geschlossene Schuhe.

Sirocco Bar – Lebua at State Tower

Die wohl bekannteste Skybar Bangkoks. Bekannt aus dem zweiten Teil der *Hangover*-Reihe mit einem atemberaubenden Ausblick auf Bangkok. Perfekter Tagesabschluss mit einem schönen Cocktail.

Weitere Highlights:

- **Wat Pho** – Wann: 8:30–18:30 Uhr, Kosten: 200 Baht
- **Chatuchak Markt** – Wann: 6:00–18:00 Uhr (Freitag–Sonntag)
- **Taling Chan Floating Market** – Wann: 8:30–16:00 Uhr
- **Asiatique The Riverfront** – Wann: 17:00–24:00 Uhr
- **Lumphini Park** – Wann: 6:00–21:00 Uhr
- **Wat Intharawihan** (Standing Buddha) – Wann: 6:00–22:00 Uhr

Highlights: Ayutthaya

Dauer: 1 Tag

Wat Yai Chai Mongkhon

Kosten: 20 Baht Eintritt

Wat Yai Chai Mongkhon

Eine der buddhistischen Tempelanlagen südostlich des historischen Stadtkerns Ayutthayas. Das Must-See dieser Anlage ist definitiv ein riesiger 62 Meter hoher Chedi mit Aussichtsplattform.

Wat Mahathat

Hier liegt der berühmte in einen Feigenbaum eingewachsene Kopf einer Buddha-Statue. Eines der meistfotografierten Highlights in Ayutthaya.

Kosten: 50 Baht Eintritt

Weitere Highlights:

- **Wat Phra Si San Phet** – Kosten: 50 Baht Eintritt
- **Wang Luang** – Kosten: 50 Baht Eintritt
- **Ayutthaya Historical Study Center** – Kosten: 100 Baht Eintritt
- **Wat Lokayasutharam** – Kosten: kostenlos
- **Wat Thammikarat** – Kosten: 20 Baht Eintritt
- **Wat Ratchaburana** – Kosten: 50 Baht Eintritt

Highlights: Chiang Mai

Dauer:
6–7 Tage

Wat Chiang Man

Wann: 9:00–17:00 Uhr
Kosten: kostenlos

Wat Chiang Man

Ein Must-See. Es ist der älteste Tempel Chiang Mais, der schon 1297 erbaut wurde. Etwas wirklich Besonderes ist auch der *Chang Lom* Chedi mit der Abbildung von 15 Elefanten im Inneren der Tempelanlage.

Wat Phra Singh

Wann: 6:00–17:00 Uhr
Kosten: 50 Baht

Wat Phra Singh

Ein bedeutsamer buddhistischer Tempel in der Altstadt von Chiang Mai. Neben dem Tempelgebäude und den Chedis gibt es hier an vielen Bäumen Schilder mit buddhistischen Weisheiten zu sehen, die sehr beeindruckend sind.

Wat Phra That Doi Suthep

Das Wahrzeichen von Chiang Mai und somit das ultimative Highlight. Der vergoldete Chedi soll eine Reliquie von Buddha enthalten und ist daher besonders bekannt. Desweiteren gibt es von dem Berg, auf dem der Tempel liegt, eine wunderschöne Aussicht über die Stadt. Ein Muss!

Kosten: 30 Baht Eintritt (Lift zum Tempel 50 Baht für Hin- und Rückweg extra)

Weitere Highlights:

- **Loy Krathong (Lichterfest)** – Wann: jeden November (Tage variieren), Kosten: kostenlos
- **Anusarn Nachtmarkt** – Wann: täglich 18:00–24:00 Uhr, Kosten: kostenlos
- **Wat Lokmolee** – Wann: täglich 6:00–17:00 Uhr, Kosten: kostenlos
- **Wat Chet Yot** – Wann: täglich 5:00–17:00 Uhr, Kosten: kostenlos
- **Wat Suan Dok** – Wann: täglich 6:00–17:00 Uhr, Kosten: 40 Baht
- **Wat Chedi Luang** – Wann: täglich 6:00–17:00 Uhr, Kosten: 40 Baht

Highlights: Koh Samui

Dauer:
5–6 Tage

Grandmother and Grandfather Rock

Kosten: kostenlos – Parken von Autos oder Motorrollern kostet hingegen jedoch 40 bzw. 10 Baht

Grandmother and Grandfather Rock (Hin Yai & Hin Ta)

Diese Felsen, die an die menschlichen Geschlechtsteile erinnern, liegen am südlichen Ende des *Lamai Beach*. Sie werden von Einheimischen als Zeichen der Fruchtbarkeit verehrt. Eine der meistfotografierten Sehenswürdigkeiten von Koh Samui.

Big Buddha (Wat Phra Yai)

Der Big Buddha ist eines der Wahrzeichen Samuis und liegt im Nordosten auf der kleinen vorgelagerten Insel *Koh Fan*, die du über einen Damm erreichen kannst. Früh morgens ist der Besuch am besten, da die Stufen tagsüber ziemlich heiß werden können.

Kosten: kostenlos

Highlights: Koh Samui

Chaweng Beach

Ein beliebter Strand an der Ostküste Samuis. Es liegen zwar viele Hotelanlagen direkt am Strand, aber am südlichen Ende wird dies deutlich weniger. Hier kommen auch die Thais am Abend an den Strand, da es dort viele einheimische Essensmöglichkeiten gibt.

Weitere Highlights:

- **Namuang Wasserfall 2** – Kosten: kostenlos. Solltest du vom Namuang Safari Park einen Off-Road-Jeep nehmen, belaufen sich die Kosten auf 100 Baht.
- **Lat Ko Viewpoint** – Kosten: kostenlos
- **Wat Khunaram** – Kosten: kostenlos
- **Tarnim Magic Garden** – Kosten: 80 Baht
- **Wat Plai Laem** – Kosten: kostenlos
- **Lamai View Point / Valentine Stone / Siva Tara Waterfall** – Kosten: 100 Baht

Highlights: Ang Thong Marine Nationalpark

Dauer: 1 Tag

Koh Mae Koh & blaue Lagune

Die sogenannte "Mutterinsel" im Nationalpark. Hier kannst du 240 Stufen hinaufsteigen, um die blaue Lagune *(Talay Nai)* zu sehen. Dieser innere See inspirierte neben anderen Orten angeblich die Produzenten von "*The Beach*" für ihren Film.

Monkey Island

Nicht groß genug, um an Land zu gehen, aber wenn du mit dem Boot im Ang Thong Marine Nationalpark unterwegs bist, ist es definitiv ein Must-See! Ein Felsen, der aussieht wie der Kopf eines Affen. Teil der meisten Touren.

Highlights: Ang Thong Marine Nationalpark

Koh Phaluai

Dies ist die größte Insel im Ang Thong Nationalpark. Sie verbreitet eine sehr entspannte Atmosphäre und hat ein bisschen mehr als 400 Einwohner. Bei einer Tour durch den Nationalpark ist diese Insel mit dem Fischerdorf für ein Mittagessen im Programm (nur von Koh Samui).

Hinweis: Das Betreten des Nationalparks kostet für jeden Touristen eine Gebühr von 300 Baht.

Weitere Highlights:

- **Koh Wua Ta Lap**
- **Bua Boke Cave**
- **Koh Taiplao**
- **Koh Rok**
- **Koh Ngam**

Highlights: Koh Phangan

Dauer: 5–6 Tage

Haad Khuat (Bottle Beach)

Ein wunderschöner, abgelegener Strand im Nordosten der Insel. Zu erreichen ist der Strand mit einem Longtailboot von *Chaloklum* oder *Haad Khom*, da hier derzeit keine befestigte Straße existiert.

Kosten: 150 Baht pro Person (eine Fahrt)

Haad Mae Haad

Ein Strand im Nordwesten der Insel. Hier kannst du zu Fuß auf die nächste Insel *Koh Ma* laufen, da diese über eine Sandbank mit Koh Phangan verbunden ist. Sehr sehenswert!

Kosten: kostenlos

Highlights: Koh Phangan

Haad Rin Nok – Sunrise Beach

Berühmt ist der Strand für seine monatlich stattfindende *Full Moon Party*. Doch auch tagsüber, wenn keine Party angesagt ist, ist der Strand wunderschön. Puderweißer Sand, klares Wasser und wenn die Sonne richtig steht, kannst du dich schön in den Schatten der Palmen setzen.

Kosten: kostenlos

Weitere Highlights:

- **Chinesischer Tempel** – Wann: täglich 8:00–15:00 Uhr, Kosten: 40 Baht
- **Than Sadet Wasserfall & Than Sadet Beach** – Kosten: kostenlos
- **Haad Salad Beach** – Kosten: kostenlos
- **Wat Khao Tham** – Kosten: kostenlos
- **Thong Nai Pan Noi & Thong Nai Pan Yai Beach** – Kosten: kostenlos

Highlights: Koh Tao

Dauer: 5–6 Tage

Tauchen und Schnorcheln

Koh Taos Unterwasserwelt ist sehr beliebt bei Reisenden, die gerne das Tauchen lernen wollen oder einfach nur zum Schnorcheln. Fischreiche Korallenriffe bieten dir einen super Einstieg in die Welt des Tauchens.

Kosten: Kurse starten ab 2000–3000 Baht.

Koh Nang Yuan

Eine Inselgruppe, dessen Strand in der Mitte von 3 Inseln liegt, nur wenige Kilometer vor der Küste Koh Taos. Bei Flut steht die Sandbank bzw. der Strand jedoch teilweise unter Wasser. Die Fahrt von Koh Tao mit dem Longtailboot nach Koh Nang Yuan beträgt ca. 15 Minuten

Kosten: 300 Baht Longtailboot + 100 Baht Eintritt

Highlights: Koh Tao

Sairee Beach

Einer der beliebtesten Strände auf Koh Tao. Hier gibt es Resorts, Strandbars und Restaurants. Gut geeignet zum Baden, außer es ist gerade Ebbe (der Strand fällt sehr flach ins Meer ab).

Weitere Highlights:

- **Wat Koh Tao** – Kosten: kostenlos
- **John Suwan Viewpoint** – Kosten: 100 Baht
- **Chalok Baan Kao** – Kosten: kostenlos
- **Ao Leuk** – Kosten: 50 Baht
- **Mango Bay** – Kosten: 100 Baht

A) Flugzeug / Fähre (hohes Budget)

€€€

1. Bangkok – Ayutthaya (Tagesausflug)

Hier kannst du ein Taxi vom Hotel oder von einem der Touristeninformationsbüros für den ganzen Tag mieten. Der Fahrer fährt mit dir von Bangkok nach Ayutthaya. Dort zu all den Sehenswürdigkeiten, wartet vor Ort auf dich und bringt dich anschließend nach Bangkok zurück.

Dauer: ca. 6–8 Stunden
Kosten: 2500–3000 Baht*

2. Bangkok – Chiang Mai

Suvarnabhumi International Airport (BKK) – Chiang Mai International Airport (CNX)

Airlines: Bangkok Airways, Thai Airways und Thai Smile
Buchen: In jedem Tourist Office, Reisebüro oder online über die Webseite der Airline.
Dauer: ca. 1 Stunde und 10 Minuten
Kosten: 1500–6000 Baht*

Don Mueang International Airport (DMK) – Chiang Mai International Airport (CNX)

Airlines: Air Asia, Nok Air und Thai Lion Air
Buchen: In jedem Tourist Office, Reisebüro oder online über die Webseite der Airline.
Dauer: ca. 1 Stunde und 10 Minuten
Kosten: 800–2500 Baht*

3. Chiang Mai – Koh Samui

Chiang Mai International Airport (CNX) – Samui International Airport (USM)

Airlines: Bangkok Airways
Buchen: In jedem Tourist Office, Reisebüro oder online über die Webseite der Airline.
Dauer: ca. 1 Stunde und 45 Minuten
Kosten: 5500–7000 Baht*

4. Koh Samui – Ang Thong Nationalpark (Tagesausflug)

Mit dem Minibus wirst du vom Hotel zu dem jeweiligen Ausflugsboot gebracht (Speedboot oder großes Holzboot – abhängig vom Anbieter). Die meisten Touren beginnen ca. 9:00 Uhr morgens und enden gegen 17:00 Uhr.

Buchen: In jedem Reisebüro der Insel und teilweise auch in Hotels möglich.
Dauer: ca. 8 Stunden
Kosten: 1500–2500 Baht* pro Person

5. Koh Samui – Koh Phangan

Koh Samui Bangrak Pier – Koh Phangan (Thong Sala)

Anbieter: Seatran Discovery
Buchen: In jedem Reisebüro der Insel, teilweise in den Hotels und direkt am Pier.
Dauer: ca. 30 Minuten
Kosten: 300 Baht*

Koh Samui Maenam Pier – Koh Phangan (Thong Sala)

Anbieter: Lomprayah
Buchen: In jedem Reisebüro der Insel, teilweise in den Hotels und direkt am Pier.
Dauer: ca. 20 Minuten
Kosten: 300 Baht*

Koh Samui Nathon Pier – Koh Phangan (Thong Sala)

Anbieter: Songserm Express
Buchen: In jedem Reisebüro der Insel, teilweise in den Hotels und direkt am Pier.
Dauer: ca. 50 Minuten
Kosten: 200 Baht*

Koh Samui Big Buddha Pier – Koh Phangan (Haad Rin)

Anbieter: Haad Rin Queen
Buchen: In jedem Reisebüro der Insel, teilweise in den Hotels und direkt am Pier.
Dauer: ca. 50 Minuten
Kosten: 200 Baht*

6. Koh Phangan – Koh Tao

Koh Phangan (Thong Sala) – Koh Tao (Mae Haad)

Anbieter: Seatran Discovery
Buchen: In jedem Reisebüro der Insel, teilweise in den Hotels und direkt am Pier.
Dauer: ca. 1 Stunde und 30 Minuten
Kosten: 450 Baht*

Koh Phangan (Thong Sala) – Koh Tao (Mae Haad)

Anbieter: Lomprayah
Buchen: In jedem Reisebüro der Insel, teilweise in den Hotels und direkt am Pier.
Dauer: ca. 1 Stunde und 10 Minuten
Kosten: 500–600 Baht*

Koh Phangan (Thong Sala) – Koh Tao (Mae Haad)

Anbieter: Songserm Express
Buchen: In jedem Reisebüro der Insel, teilweise in den Hotels und direkt am Pier.
Dauer: ca. 2 Stunden
Kosten: 350 Baht*

7. Koh Tao / Koh Samui – Bangkok

Fähre:

Koh Tao (Mae Haad) – Koh Samui Maenam Pier

Anbieter: Lomprayah
Buchen: In jedem Reisebüro der Insel, teilweise in den Hotels und direkt am Pier.
Dauer: ca. 2 Stunden
Kosten: 600 Baht*

Koh Tao (Mae Haad) – Koh Samui Bangrak Pier

Anbieter: Seatran Discovery
Buchen: In jedem Reisebüro der Insel, teilweise in den Hotels und direkt am Pier.
Dauer: ca. 2 Stunden
Kosten: 600 Baht*

Koh Tao (Mae Haad) – Koh Samui Nathon Pier

Anbieter: Songserm Express
Buchen: In jedem Reisebüro der Insel, teilweise in den Hotels und direkt am Pier.
Dauer: ca. 2 Stunden
Kosten: 500 Baht*

Flug:

Samui International Airport (USM) – Suvarnabhumi International Airport (BKK)

Airlines: Bangkok Airways
Buchen: In jedem Tourist Office, Reisebüro oder online über die Webseite der Airline.
Dauer: ca. 1 Stunde und 10 Minuten
Kosten: 3000–6000 Baht*

* Preise sind für One-Way-Tickets und variieren je nach Saison. Dies sind nur ungefähre Angaben.

Bangkok Airways Maschine am Flughafen Koh Samui

B) Bahn / Flugzeug / Fähre (mittleres Budget)

€€

1. Bangkok – Ayutthaya (Tagesausflug)

Bangkok Hua Lamphong (Bahnhof) – Ayutthaya (Bahnhof)

Buchen: Ticket direkt am Bahnhof oder in einem Tourist Office kaufen.
Dauer: ca. 2 Stunden
Kosten: 15–75 Baht* pro Richtung

Tipp: Sollte der Ausflug mit der Bahn unternommen werden, ist es vielleicht sinnvoll noch eine Nacht in Ayutthaya zu verbringen, um am nächsten Morgen gemütlich nach Bangkok zurückzufahren. Der Tag könnte sonst ein wenig stressig werden.

2. Bangkok – Chiang Mai

Don Mueang International Airport (DMK) – Chiang Mai International Airport (CNX)

Airlines: Air Asia, Nok Air und Thai Lion Air
Buchen: In jedem Tourist Office, Reisebüro oder online über die Webseite der Airline.
Dauer: ca. 1 Stunde und 10 Minuten
Kosten: 800–2500 Baht*

Bangkok Hua Lamphong (Bahnhof) – Chiang Mai (Bahnhof) (mit der Northern Line)

Buchen: Ticket direkt am Bahnhof oder in jedem Tourist Office in Bangkok kaufen.
Dauer: 12–14 Stunden
Kosten: ca. 900 Baht* für den Nachtexpresszug mit Schlafplatz (2. Klasse)
ca. 600 Baht* für den Tageszug ohne Schlafplatz (2. Klasse)

3.1 Chiang Mai – Surat Thani

Chiang Mai International Airport (CNX) – Surat Thani International Airport (URT)

Airlines: Air Asia
Buchen: In jedem Tourist Office, Reisebüro oder online über die Webseite der Airline.
Dauer: ca. 1 Stunde und 50 Minuten
Kosten: 1700–2700 Baht*

3.2 Chiang Mai – Bangkok

Chiang Mai International Airport (CNX) – Don Mueang International Airport (DMK)

Airlines: Air Asia, Nok Air und Thai Lion Air
Buchen: In jedem Tourist Office, Reisebüro oder online über die Webseite der Airline.
Dauer: ca. 1 Stunde und 10 Minuten
Kosten: 800–2500 Baht*

Chiang Mai (Bahnhof) – Bangkok Hua Lamphong (Bahnhof) (mit der Northern Line)

Buchen: Ticket direkt am Bahnhof oder in jedem Tourist Office in Chiang Mai kaufen.
Dauer: 12–14 Stunden
Kosten: ca. 900 Baht* für den Nachtexpresszug mit Schlafplatz (2. Klasse)
ca. 600 Baht* für den Tageszug ohne Schlafplatz (2. Klasse)

Tipp: Solltest du den Zug anstatt das Flugzeug wählen, würden wir immer den Nachtzug nehmen. So sparst du dir erstens eine Übernachtung und verpasst nicht den ganzen Tag.

4.1 Bangkok – Koh Samui (Flug)

Don Mueang International Airport (DMK) – Surat Thani International Airport (URT) – Donsak Pier – Koh Samui Lipa Noi Pier

Airlines: Air Asia/Thai Lion Air und Raja Ferry
Buchen: In jedem Tourist Office, Reisebüro oder online über die Webseite der Airline.
Dauer: Flug – 1 Stunde 10 Minuten, Bus – 1 Stunde 30 Minuten, Fähre – 1 Stunde 30 Minuten
Kosten: ca. 1000–2000 Baht*

Don Mueang International Airport (DMK) – Nakhon Si Thammarat (NST) – Laem Thuat Pier – Koh Samui Nathon Pier

Airlines: Nok Air und Lomprayah
Buchen: In jedem Tourist Office, Reisebüro oder online über die Webseite der Airline.
Dauer: Flug – 1 Stunde 10 Minuten, Bus – 1 Stunde 25 Minuten, Fähre – 45 Minuten
Kosten: ca. 1500–2500 Baht*

4.2 Bangkok – Surat Thani

Don Mueang International Airport (DMK) – Surat Thani International Airport (URT)

Airlines: Air Asia und Thai Lion Air
Buchen: In jedem Tourist Office, Reisebüro oder online über die Webseite der Airline.
Dauer: 1 Stunde 10 Minuten
Kosten: ca. 700–2000 Baht*

Bangkok Hua Lamphong (Bahnhof) – Surat Thani (Bahnhof)

Buchen: In jedem Tourist Office, Reisebüro oder direkt am Bahnhof in Bangkok.
Dauer: ca. 12 Stunden
Kosten: ca. 700–900 Baht*

4.3 Bangkok – Nakhon Si Thammarat

Don Mueang International Airport (DMK) – Nakhon Si Thammarat (NST)

Airlines: Nok Air
Buchen: In jedem Tourist Office, Reisebüro oder online über die Webseite der Airline.
Dauer: 1 Stunde 10 Minuten
Kosten: ca. 750–1500 Baht*

5.1 Surat Thani – Koh Samui

Surat Thani (Stadt) – Tapee Pier – Koh Samui Nathon Pier

Anbieter: Lomprayah
Buchen: In der Stadt im Lomprayah Office oder online über die Webseite des Anbieters.
Dauer: Bus und Fähre – ca. 2 Stunden 55 Minuten
Kosten: 650 Baht*

Surat Thani (Bahnhof) – Donsak Pier – Koh Samui Lipa Noi Pier

Anbieter: Raja Ferry und Phantip Travel Company
Buchen: Am Bahnhof oder online über die Webseite des Anbieters.
Dauer: Bus und Fähre – 4 Stunden (inkl. Wartezeit)
Kosten: ca. 350 Baht*

Surat Thani International Airport (URT) – Tapee Pier – Koh Samui Nathon Pier

Anbieter: Lomprayah
Buchen: Am Flughafen oder online über die Webseite des Anbieters.
Dauer: Bus und Fähre – ca. 2 Stunden und 55 Minuten
Kosten: 750 Baht*

Surat Thani International Airport (URT) – Donsak Pier – Koh Samui Lipa Noi Pier

Anbieter: Raja Ferry
Buchen: Am Flughafen oder online über die Webseite des Anbieters.
Dauer: Bus und Fähre – 4 Stunden (inkl. Wartezeit)
Kosten: 400 Baht*

Info: Es gibt auch noch weitere Fähranbieter wie Seatran Discovery oder Songserm Express, die ebenfalls von Surat Thani bzw. vom Donsak Pier nach Koh Samui fahren. Dies ist nur eine kleine Auswahl von uns.

5.2 Nakhon Si Thammarat – Koh Samui

Nakhon Si Thammarat (Airport) – Tapee Pier – Koh Samui Nathon Pier

Anbieter:	Lomprayah
Buchen:	Am Flughafen oder online über die Webseite des Anbieters.
Dauer:	Bus und Fähre – 6 bis 7 Stunden
Kosten:	800 Baht*

Nakhon Si Thammarat (Airport) – Donsak Pier – Koh Samui Lipa Noi Pier

Anbieter:	Raja Ferry
Buchen:	Am Flughafen oder online über die Webseite des Anbieters.
Dauer:	Bus und Fähre – 4 Stunden (inkl. Wartezeit)
Kosten:	400 Baht*

Tipp: Wenn du nach Surat Thani oder Nakhon Si Thammarat fliegen solltest, dann ist es das einfachste den Fährservice beim Fluganbieter mitzubuchen. So sparst du dir den Stress vor Ort und wirklich teurer ist es auch nicht. Siehe 4.1.

6. Koh Samui – Ang Thong Nationalpark (Tagesausflug)

Siehe Route 1 (A) – Punkt 4

7. Koh Samui – Koh Phangan

Siehe Route 1 (A) – Punkt 5

8. Koh Phangan – Koh Tao

Siehe Route 1 (A) – Punkt 6

9.1 Koh Tao – Surat Thani

Koh Tao (Mae Haad) – Surat Thani (Bahnhof)

Anbieter: Lomprayah
Buchen: In jedem Reisebüro der Insel, teilweise in den Hotels und direkt am Pier.
Dauer: 4,5 bis 5,5 Stunden
Kosten: 950–1050 Baht*

Koh Tao (Mae Haad) – Surat Thani International Airport (URT)

Anbieter: Lomprayah
Buchen: In jedem Reisebüro der Insel, teilweise in den Hotels und direkt am Pier.
Dauer: 4,5 bis 5,5 Stunden
Kosten: 1000–1100 Baht*

Info: Es gibt noch ein Nachtboot und das Songserm Express Boot, aber diese fahren laut Plan nur bis zum Donsak Pier und dann musst du noch einen Bustransfer zum Bahnhof oder Flughafen organisieren.

9.2 Koh Tao – Nakhon Si Thammarat

Koh Tao (Mae Haad) – Nakhon Si Thammarat (Airport)

Anbieter: Lomprayah
Buchen: In jedem Reisebüro der Insel, teilweise in den Hotels und direkt am Pier.
Dauer: 6 bis 7 Stunden
Kosten: 1000–1100 Baht*

10.1 Surat Thani – Bangkok

Surat Thani International Airport (URT) – Don Mueang International Airport (DMK)

Airlines: Air Asia und Thai Lion Air
Buchen: In jedem Tourist Office, Reisebüro oder online über die Webseite der Airline.
Dauer: 1 Stunde 10 Minuten
Kosten: ca. 700–2000 Baht*

Surat Thani (Bahnhof) – Bangkok Hua Lamphong (Bahnhof)

Buchen: In jedem Tourist Office, Reisebüro oder direkt am Bahnhof in Surat Thani.
Dauer: ca. 12 Stunden
Kosten: ca. 700–900 Baht*

Bangkoks Hauptbahnhof Hua Lamphong

10.2 Nakhon Si Thammarat – Bangkok

Nakhon Si Thammarat (NST) – Don Mueang International Airport (DMK)

Airlines: Nok Air
Buchen: In jedem Tourist Office, Reisebüro oder online über die Webseite der Airline.
Dauer: 1 Stunde 10 Minuten
Kosten: ca. 750 – 1500 Baht*

* Preise sind für One-Way-Tickets und variieren je nach Saison. Dies sind nur ungefähre Angaben.

C) Bus / Fähre (kleines Budget)

1. Bangkok – Ayutthaya (Tagesausflug)

Bangkok Mo Chit (Northern Bus Terminal) – Ayutthaya Bus Terminal

Buchen:	Ticket direkt am Bus Terminal oder in einem Tourist Office kaufen.
Dauer:	ca. 2 Stunden
Kosten:	ab 90 Baht* pro Richtung

Tipp: Sollte der Ausflug mit dem Bus unternommen werden, ist es vielleicht sinnvoll noch eine Nacht in Ayutthaya zu verbringen, um am nächsten Morgen gemütlich nach Bangkok zurückzufahren. Der Tag könnte sonst ein wenig stressig werden.

2. Bangkok – Chiang Mai

Bangkok Mo Chit (Northern Bus Terminal) – Chiang Mai Arcade Bus Terminal

Anbieter:	Nakhon Chai Air, Sombat Tours etc.
Buchen:	Ticket direkt am Bus Terminal oder in einem Tourist Office kaufen.
Dauer:	ca. 12 Stunden
Kosten:	500–800 Baht* (je nach Buskategorie VIP, 1. Klasse oder 2. Klasse)

3. Chiang Mai – Bangkok

Chiang Mai Arcade Bus Terminal – Bangkok Mo Chit (Northern Bus Terminal)

Anbieter:	Nakhon Chai Air, Sombat Tours etc.
Buchen:	Ticket direkt am Bus Terminal oder in einem Tourist Office kaufen.
Dauer:	ca. 12 Stunden
Kosten:	500–800 Baht* (je nach Buskategorie VIP, 1. Klasse oder 2. Klasse)

Tipp: Wir würden immer den VIP-Bus wählen, wenn es möglich ist. Kostet vielleicht 100 Baht mehr, aber der Komfort ist dann wirklich super. Es werden Getränke und etwas zu essen gereicht und auch der Sitzplatz hat mehr Beinfreiheit.

4. Bangkok – Koh Samui

Bangkok Sai Tai Mai (Southern Bus Terminal) – Surat Thani / Donsak Pier – Koh Samui Nathon Bus Terminal

Anbieter: Sombat Tours, 999 Government Bus etc.
Buchen: Ticket direkt am Bus Terminal oder in einem Tourist Office kaufen.
Dauer: Bus – ca. 12 Stunden, Fähre – ca. 1 Stunde 45 Minuten
Kosten: ca. 1000 Baht* (VIP-Bus)

5. Koh Samui – Ang Thong Nationalpark (Tagesausflug)

Siehe Route 1 (A) – Punkt 4

6. Koh Samui – Koh Phangan

Siehe Route 1 (A) – Punkt 5

7. Koh Phangan – Koh Tao

Siehe Route 1 (A) – Punkt 6

8. Koh Tao – Bangkok

Koh Tao (Mae Haad Pier) – Chumphon – Bangkok Sai Tai Mai (Southern Bus Terminal)

Anbieter: Lomprayah, Songserm Express, Seatran Discovery etc.
Buchen: Ticket direkt am Pier oder in einem Reisebüro vor Ort kaufen.
Dauer: Fähre – ca. 1 bis 2 Stunden, Bus – ca. 10 Stunden
Kosten: ca. 800–1100 Baht*

Info: Es gibt auch eine Nachtfähre von Koh Tao nach Chumphon, diese fährt aber bis zu 6 Stunden.

Die von uns vorgeschlagenen Routen von Bangkok nach Koh Samui und von Koh Tao nach Bangkok können natürlich auch andersherum genutzt werden.

* Preise sind für One-Way-Tickets und variieren je nach Saison. Dies sind nur ungefähre Angaben.

Route 2

Kultur only

Die zweite Route ist für die wirklichen Kulturfans. Für dich, wenn du Thailand noch abseits der berühmten Inseln und Partyhochburgen erkunden möchtest.

Nach einem mehrtägigen Aufenthalt in **Bangkok** mit Besuchen des Königspalastes, des berühmten Wat Pho mit der riesigen liegenden Buddha-Statue geht es weiter nach Ayutthaya.

Die alten Ruinen in **Ayutthaya** sind allemal sehenswert. Neben der wohl bekanntesten Attraktion, dem in einen Feigenbaum eingewachsenen Buddha-Kopf im Wat Mahathat, können hier noch viele weitere historische Stätten erkundet werden. Eine davon wäre der Wat Phra Si San Phet, der damals als Königpalast fungierte, so wie es heute der Wat Phra Kaeo in Bangkok tut.

Weiter Richtung Norden kommst du dann nach **Chiang Mai** und **Chiang Rai**. Neben der kulturellen Hauptstadt des Nordens Chiang Mai ist aber auch Chiang Rai mit dem weißen Tempel (Wat Rong Khun) nicht zu verachten.

Um das Ganze abzurunden, kannst du ab Chiang Mai den 650 Kilometer langen **Nan Loop** mit dem Motorrad erkunden. Hier lernst du super Land und Leute kennen und bewegst dich so gut wie abseits des Massentourismus von Thailand.

Route 2: Übersicht

1. Bangkok
2. Ayutthaya
3. Chiang Mai
4. Chiang Rai
5. Nan Loop
(**6.** Sukhothai)

Highlights: Bangkok

Dauer: 4–5 Tage

Standing Buddha

Kosten: kostenlos
Wann: 6:00–22:00 Uhr
Achtung: Es müssen die Knie und Schultern bedeckt sein.

Wat Intharawihan (Standing Buddha)

In diesem Tempel steht die 32 Meter hohe mit Blattgold verzierte Buddha-Statue *Luang Pho Tho*. Meistens ist hier zwar vergleichsweise wenig los, aber es ist definitv ein Must-See, wenn du an den Tempeln Thailands interessiert bist.

Koh Kret

Die Insel liegt 20 Kilometer nördlich von Bangkok mitten im *Chao Phraya* Fluss. Ein sehr beliebtes Ausflugsziel bei den Thais. In 2–3 Stunden kannst du die Insel zu Fuß umrunden und mal ein bisschen vom Großstadtlärm Bangkoks abschalten.

Kosten: Die Preise für die Anfahrt per Boot oder Bus variieren stark je nach Anbieter.

Highlights: Bangkok

Wat Pho

Kosten: 200 Baht Eintritt
Wann: 8:30–18:30 Uhr
Achtung: Es müssen die Knie und Schultern bedeckt sein.

Wat Pho

Eine sehenswerte Tempelanlage in der Nähe des Königspalastes mit einem der bekanntesten Highlights Bangkoks – dem *liegenden Buddha*. Die 45 Meter lange Statue ist eines der beliebtesten Fotomotive. Außerdem liegt in diesem Tempel auch die berühmteste Massageschule Thailands. Auch Touristen können an Kursen teilnehmen.

Weitere Highlights:

- **Wat Arun** – Wann: 7:00–17:00 Uhr, Kosten: 50 Baht
- **Wat Phra Kaeo** – Wann: 8:30–15:30 Uhr, Kosten: 500 Baht
- **Lumphini Park** – Wann: 6:00–21:00 Uhr
- **Chatuchak Markt** – Wann: 6:00–18:00 Uhr (Freitag–Sonntag)
- **Taling Chan Floating Market** – Wann: 8:30–16:00 Uhr
- **Khao San Road** – Wann: Tag und Nacht

Highlights: Ayutthaya

Dauer:
1 Tag

Wat Phra Si San Phet

Bevor Ayutthaya 1767 zerstört wurde, war dies der königliche Tempel. So wie heute der *Wat Phra Kaeo* in Bangkok. Es war der schönste und größte Tempel der Stadt und seine Ruinen sind auch heute noch sehr beeindruckend.

Kosten: 50 Baht Eintritt

Wat Mahathat

Hier liegt der berühmte in einen Feigenbaum eingewachsene Kopf einer Buddha-Statue. Eines der meistfotografierten Highlights in Ayutthaya.

Kosten: 50 Baht Eintritt

Highlights: Ayutthaya

Wat Ratchaburana

Sehr schöne Anlage, die schon im 15. Jahrhundert von König *Borommaracha II* errichtet wurde, nachdem es zwischen den zwei ältesten Brüdern einen tödlichen Kampf um die Thronfolge gab. Der wunderschöne Prang des Tempels ist noch intakt und ein beliebtes Motiv für Fotos.

Kosten: 50 Baht Eintritt

Weitere Highlights:

- **Wang Luang** – Kosten: 50 Baht Eintritt
- **Wat Yai Chai Mongkhon** – Kosten: 50 Baht Eintritt
- **Ayutthaya Historical Study Center** – Kosten: 100 Baht Eintritt
- **Wat Lokayasutharam** – Kosten: kostenlos
- **Wat Thammikarat** – Kosten: 20 Baht Eintritt
- **Wat Chai Watthanaram** – Kosten: 50 Baht Eintritt

Highlights: Chiang Mai

Dauer: 7–8 Tage

Loy Krathong

Wann: jährlich Anfang November
Kosten: kostenlos

Loy Krathong (Lichterfest)

In Chiang Mai werden bei dem traditionellen Fest, welches in etwa zeitgleich zum *Yi Peng* Festival stattfindet, Papierlaternen zum Himmel geschickt. Dies wird gemacht, um symbolisch das Böse und die Sünden fortzuschicken. Außerdem werden kleine Boote (sogenannte Krathongs) zu Wasser gelassen, um die Sorgen aus dem vergangenen Jahr davontreiben zu lassen. In der ganzen Stadt finden Paraden und Feste statt. Ein einmaliges Erlebnis!

Wat Lokmolee

Ein sehr interessanter Tempel in Chiang Mai, der sich von seiner Bauweise her von vielen anderen Tempeln abhebt. Hier findest du sehr schöne Drachen-/Naga-Skulpturen und einen Chedi, der unüblicherweise mit Ziegelsteinen bedeckt ist, anstatt goldverputzt wie die Meisten.

Wann: 6:00–17:00 Uhr
Kosten: kostenlos

Wat Suan Dok

Wann: 6:00 – 17:00 Uhr
Kosten: 40 Baht für das Hauptgebäude

Wat Suan Dok

Der Name bedeutet übersetzt etwa *Blumengarten-Kloster* und beherbergt auch eine buddhistische Universität auf dem Gelände. Hier kannst du dich auch mal mit einem Mönch unterhalten. Besonders schön anzusehen ist ebenfalls der Chedi mit seiner goldenen Spitze im Inneren der Anlage.

Weitere Highlights:

- **Wat Phra Singh** – Wann: täglich 6:00 – 17:00 Uhr, Kosten: 50 Baht
- **Anusarn Nachtmarkt** – Wann: täglich 18:00 – 24:00 Uhr, Kosten: kostenlos
- **Wat Chiang Man** – Wann: täglich 9:00 – 17:00 Uhr, Kosten: kostenlos
- **Wat Chet Yot** – Wann: täglich 5:00 – 17:00 Uhr, Kosten: kostenlos
- **Wat Phra That Doi Suthep** – Wann: 8:00 – 17:00 Uhr, Kosten: 30 Baht
- **Wat Chedi Luang** – Wann: täglich 6:00 – 17:00 Uhr, Kosten: 40 Baht
- **Doi Inthanon Nationalpark** – Wann: tagsüber, Kosten: 300 Baht

Highlights: Chiang Rai

Dauer: 3–4 Tage

Wat Rong Khun

Wann: 8:00–17:00 Uhr
Kosten: 50 Baht

Wat Rong Khun

Der weiße Tempel von Chiang Rai. Die Farbe weiß ist eigentlich gleichbedeutend mit Trauer in Thailand, steht aber hier für die Reinheit Buddhas. Eine sehr beeindruckende Architektur und neumoderne Malerei machen diesen Tempel einmalig in Thailand. Wenn du diesen Tempel erkundest, wanderst du von der Hölle in den Himmel, was eindrucksvoll mit zahlreichen Skulpturen dargestellt wird.

Wat Phra Kaeo

Ursprünglich war dieser Tempel die Heimat der Smaragd-Buddha-Statue, welche heutzutage im *Wat Phra Kaeo in Bangkok* steht. Eine Kopie der ursprünglichen Statue kannst du dir aber auch heute noch vor Ort ansehen.

Wann: 9:00–17:00 Uhr
Kosten: kostenlos

Highlights: Chiang Rai

Wat Phra That Doi Chom Thong

Hier wurde 1260 die Gründung der Stadt Chiang Rai beschlossen. Bevor der Buddhismus in Thailand Einzug hielt, war dieser Tempel schon ein heiliger Ort, um die lokalen Geister zu verehren.

Wann: rund um die Uhr
Kosten: kostenlos

Weitere Highlights:

- **Wat Phra Sing** – Wann: rund um die Uhr, Kosten: kostenlos
- **Wat Jet Yot** – Wann: rund um die Uhr, Kosten: kostenlos
- **King Mengrai Monument** – Wann: rund um die Uhr, Kosten: kostenlos
- **Black House** – Wann: tagsüber, Kosten: kostenlos
- **Mae Kok Fluss** – Vereint sich am Ende mit dem Mekong. Hier können schöne Longtailboot-Touren unternommen werden.
- **Night Bazaar** – Wann: jeden Abend, Kosten: kostenlos

King Mengrai Monument

Highlights: Nan Loop

Dauer: 6–7 Tage

650 km: Chiang Mai » Lampang » Phrae » Nan » Chang Muan » Phayao » Chiang Mai

Ein Motorrad kann in Chiang Mai bei einem der vielen Bike Rental Shops gemietet werden. Optional kannst du auf dieser Tour zwischen Lampang und Phrae noch Sukhothai besuchen (siehe nächste Seite).

Wat Phra That Lampang Luang

Der Tempel liegt ca. 18 Kilometer außerhalb von Lampang auf einem Hügel. In der Mitte des Tempels liegt ein heiliger Chedi. Außerdem enthält der Tempel einen Fußabdruck Buddhas.

Wann: 8:00 – 17:00 Uhr
Kosten: kostenlos

Wat Phumin

Dieser Tempel ist der meistbesuchte Tempel der Stadt *Nan*. Neben seiner einzigartigen Bauweise ist er auch für seine Wandmalereien in ganz Thailand bekannt.

Wann: 6:00 – 18:00 Uhr
Kosten: 50 Baht

Wat Phra That Cho Hae

Berühmtester Tempel der Gegend, der eine Reliquie von Buddha in seinem 33 Meter hohen Chedi beinhaltet.

Wann: 6:00 – 17:00 Uhr
Kosten: kostenlos

Weitere Highlights:

- **Mae Yom Nationalpark** – Wann: 7:00 – 18:00 Uhr, Kosten: 100 Baht
- **Phae Mueang Phi** – Geisterschlucht, wird auch als Grand Canyon Thailands bezeichnet
- **Doi Phu Kha Nationalpark** – Wann: 7:00 – 19:00 Uhr, Kosten: 200 Baht
- **Sila Phet Wasserfall** – Der Wasserfall befindet sich im Doi Phu Kha Nationalpark
- **Sukhothai Geschichtspark** – Siehe nächste Seite Highlights

Highlights: Sukhothai

Dauer: 1 Tag

Geschichtspark Sukhothai

Kosten: ab 100 Baht für div. Tempel
Wann: 6:00 – 18:00 Uhr

Geschichtspark Sukhothai

Neben *Ayutthaya* liegt in Sukhothai der wohl bekannteste Geschichtspark Thailands mit vielen wunderschönen Tempelruinen aus längst vergangenen Zeiten. Jeder Kulturfan wird hier definitiv auf seine Kosten kommen.

Wat Mahathat

Der Tempel und der angrenzende königliche Palast bilden den Mittelpunkt des Sukhothai Geschichtsparks. Hier stehen auch noch einige Buddha-Statuen aus der Zeit, als das Königreich Sukhothai noch existierte.

Highlights: Sukhothai

Wat Sri Sawai

Ursprünglich war der Haupt-Prang ein hinduistisches Heiligtum. Die dazugehörigen Viharas sind aber im buddhistischen Stil erbaut worden.

King Ramkhamhaeng Monument

Neben dem Wat Mahathat steht das Monument für den ehemaligen König Sukhothais. In Thailand ist es mehr unter dem Namen *Noen Prasat* bekannt. Der schöne mit Lotusblumen geschmückte Sockel sowie das Monument selbst sind definitiv sehenswert.

Weitere Highlights:

- **Wat Sorasak**
- **Wat Sa Si**
- **Wat Chana Songkhram**

Hinweis: Alle bisher genannten Tempel liegen innerhalb der Stadtmauer des historischen Sukhothais. Aber auch außerhalb lassen sich unzählige schöne Tempelanlagen (wie z.B. der Wat Sri Chum) finden und besuchen.

Ayutthaya

A) Flugzeug / Bus / Motorrad (mittleres Budget) €€

1. Bangkok – Ayutthaya (Tagesausflug)

Hier kannst du ein Taxi vom Hotel oder von einem der Touristeninformationsbüros für den ganzen Tag mieten. Eine gute Alternative heutzutage sind sicherlich Apps wie z.B. Grab etc. Der Fahrer fährt mit dir von Bangkok nach Ayutthaya und dort zu all den Sehenswürdigkeiten. Er wartet vor Ort auf dich und bringt dich anschließend wieder nach Bangkok zurück.

Dauer: ca. 6 – 8 Stunden
Kosten: 2500 – 3000 Baht*

2. Bangkok – Chiang Mai

Suvarnabhumi International Airport (BKK) – Chiang Mai International Airport (CNX)

Airlines: Bangkok Airways, Thai Airways und Thai Smile
Buchen: In jedem Tourist Office, Reisebüro oder online über die Webseite der Airline.
Dauer: ca. 1 Stunde und 10 Minuten
Kosten: 1500–6000 Baht*

Don Mueang International Airport (DMK) – Chiang Mai International Airport (CNX)

Airlines: Air Asia, Nok Air und Thai Lion Air
Buchen: In jedem Tourist Office, Reisebüro oder online über die Webseite der Airline.
Dauer: ca. 1 Stunde und 10 Minuten
Kosten: 800–2500 Baht*

3. Chiang Mai – Chiang Rai

Chiang Mai Arcade Bus Terminal – Chiang Rai Bus Terminal

Anbieter: GreenBus
Buchen: Ticket direkt am Bus Terminal, in einem Tourist Office oder auf der Webseite des Anbieters kaufen.
Dauer: ca. 3 Stunden
Kosten: 150–300 Baht* (je nach Buskategorie VIP oder 2. Klasse)

4. Chiang Rai – Chiang Mai

Chiang Rai Bus Terminal – Chiang Mai Arcade Bus Terminal

Anbieter: GreenBus
Buchen: Ticket direkt am Bus Terminal, in einem Tourist Office oder auf der Webseite des Anbieters kaufen.
Dauer: ca. 3 Stunden
Kosten: 150–300 Baht* (je nach Buskategorie VIP oder 2. Klasse)

5. Chiang Mai – Nan Loop

Route: Chiang Mai – Lampang – (optional Ausflug nach Sukhothai) – Phrae – Nan – Chang Muan – Phayao – Chiang Mai

Kilometer: ca. 650
Benzin: ca. 40 Baht pro Liter
Buchen: Motorrad oder Motorroller bei einem der Verleihshops in Chiang Mai mieten.
Kosten: ca. 150–250 Baht pro Tag

5.1 Lampang – Sukhothai – Phrae

Lampang Bus Terminal – Sukhothai Bus Terminal – Phrae Bus Terminal

Anbieter: Wintour Travel etc.
Buchen: Ticket direkt am Bus Terminal kaufen.
Dauer: 3 bis 4 Stunden
Preis: 116–162 Baht*

6. Chiang Mai – Bangkok

Chiang Mai International Airport (CNX) – Suvarnabhumi International Airport (BKK)

Airlines: Bangkok Airways, Thai Airways und Thai Smile
Buchen: In jedem Tourist Office, Reisebüro oder online über die Webseite der Airline.
Dauer: ca. 1 Stunde und 10 Minuten
Kosten: 1500–6000 Baht*

Chiang Mai International Airport (CNX) – Don Mueang International Airport (DMK)

Airlines: Air Asia, Nok Air und Thai Lion Air
Buchen: In jedem Tourist Office, Reisebüro oder online über die Webseite der Airline.
Dauer: ca. 1 Stunde und 10 Minuten
Kosten: 800–2500 Baht*

* Preise sind für One-Way-Tickets und variieren je nach Saison. Dies sind nur ungefähre Angaben.

B) Bahn / Bus / Motorrad (geringes Budget)

€

1. Bangkok – Ayutthaya (Tagesausflug)

Bangkok Hua Lamphong (Bahnhof) – Ayutthaya (Bahnhof)

Buchen: Ticket direkt am Bahnhof oder in einem Tourist Office kaufen.
Dauer: ca. 2 Stunden
Kosten: 15–75 Baht* pro Richtung

Tipp: Sollte der Ausflug mit der Bahn unternommen werden, ist es vielleicht sinnvoll noch eine Nacht in Ayutthaya zu verbringen, um am nächsten Morgen gemütlich nach Bangkok zurückzufahren. Der Tag könnte sonst ein wenig stressig werden.

2. Bangkok – Chiang Mai

Bangkok Hua Lamphong (Bahnhof) – Chiang Mai (Bahnhof) (mit der Northern Line)

Buchen: Ticket direkt am Bahnhof oder in einem Tourist Office in Bangkok kaufen.
Dauer: 12–14 Stunden
Kosten: ca. 900 Baht* für den Nachtexpresszug mit Schlafplatz (2. Klasse)
ca. 600 Baht* für den Tageszug ohne Schlafplatz (2. Klasse)

Tipp: Wenn du mit dem Zug fährst, kannst du auch von Ayutthaya direkt nach Chiang Mai fahren.

Bangkok Mo Chit (Northern Bus Terminal) – Chiang Mai Arcade Bus Terminal

Anbieter: Nakhon Chai Air, Sombat Tours etc.
Buchen: Ticket direkt am Bus Terminal oder in einem Tourist Office kaufen.
Dauer: ca. 12 Stunden
Kosten: 500–800 Baht* (je nach Buskategorie VIP, 1. Klasse oder 2. Klasse)

3. Chiang Mai – Chiang Rai

Siehe Route 2 (A) – Punkt 3

4. Chiang Rai – Chiang Mai

Siehe Route 2 (A) – Punkt 4

5. Chiang Mai – Nan Loop

Siehe Route 2 (A) – Punkt 5

5.1 Lampang – Sukhothai – Phrae

Siehe Route 2 (A) – Punkt 5.1

6. Chiang Mai – Bangkok

Chiang Mai (Bahnhof) – Bangkok Hua Lamphong (Bahnhof) (mit der Northern Line)

Buchen: Ticket direkt am Bahnhof oder in einem Tourist Office in Chiang Mai kaufen.
Dauer: 12–14 Stunden
Kosten: ca. 900 Baht* für den Nachtexpresszug mit Schlafplatz (2. Klasse)
ca. 600 Baht* für den Tageszug ohne Schlafplatz (2. Klasse)

Chiang Mai Arcade Bus Terminal – Bangkok Mo Chit (Northern Bus Terminal)

Anbieter: Nakhon Chai Air, Sombat Tours etc.
Buchen: Ticket direkt am Bus Terminal oder in einem Tourist Office kaufen.
Dauer: ca. 12 Stunden
Kosten: 500–800 Baht* (je nach Buskategorie VIP, 1. Klasse oder 2. Klasse)

Tipp: Wir würden immer den VIP-Bus wählen, wenn es möglich ist. Kostet vielleicht 100 Baht mehr, aber der Komfort ist dann wirklich super. Es werden Getränke und etwas zu essen gereicht und auch der Sitzplatz hat mehr Beinfreiheit.

* Preise sind für One-Way-Tickets und variieren je nach Saison. Dies sind nur ungefähre Angaben.

Route 3

Strand & Abenteuer

Route 3 richtet sich hauptsächlich an Strandurlauber. An dich, wenn du nicht genug von Meer, Sonne und Palmen bekommen kannst.

Nach einem kurzen Aufenthalt in **Bangkok** geht es weiter nach **Krabi** in den Süden Thailands. Nach dem Aufstieg zum Tiger Cave Tempel auf dem Hügel eines Berges und dem Nachtmarkt mit leckerem Thai Food geht es endlich weiter nach **Ao Nang**. Der Strand ruft! Ao Nang selbst ist ein kleiner Touristenort an der Küste, dessen Strände sehenswert sind.

Willst du aber die wirklichen Strandperlen entdecken, dann mache ein paar Tagesausflüge zu den umliegenden Inseln, bevor es weiter nach **Koh Phi Phi** geht. Hier erwartet dich die legendäre Maya Bay, wo auch schon der Film "The Beach" gedreht wurde.

Nach dem paradiesischen Strand auf Koh Phi Phi geht es weiter südlich nach **Koh Lanta**. Eine ruhige Insel mit jeder Menge an wunderschönen, einsamen Stränden. Miete dir einen Motorroller und finde deinen persönlichen Lieblingsstrand.

Der letzte Ort auf der Strandroute ist **Koh Lipe**. Eine kleine Insel noch weiter südlich mit traumhaften Stränden und atemberaubendem klaren Wasser. Hier kannst du schnorcheln, relaxen und den erholsamen Strandurlaub in Thailand ausklingen lassen.

Route 3: Übersicht

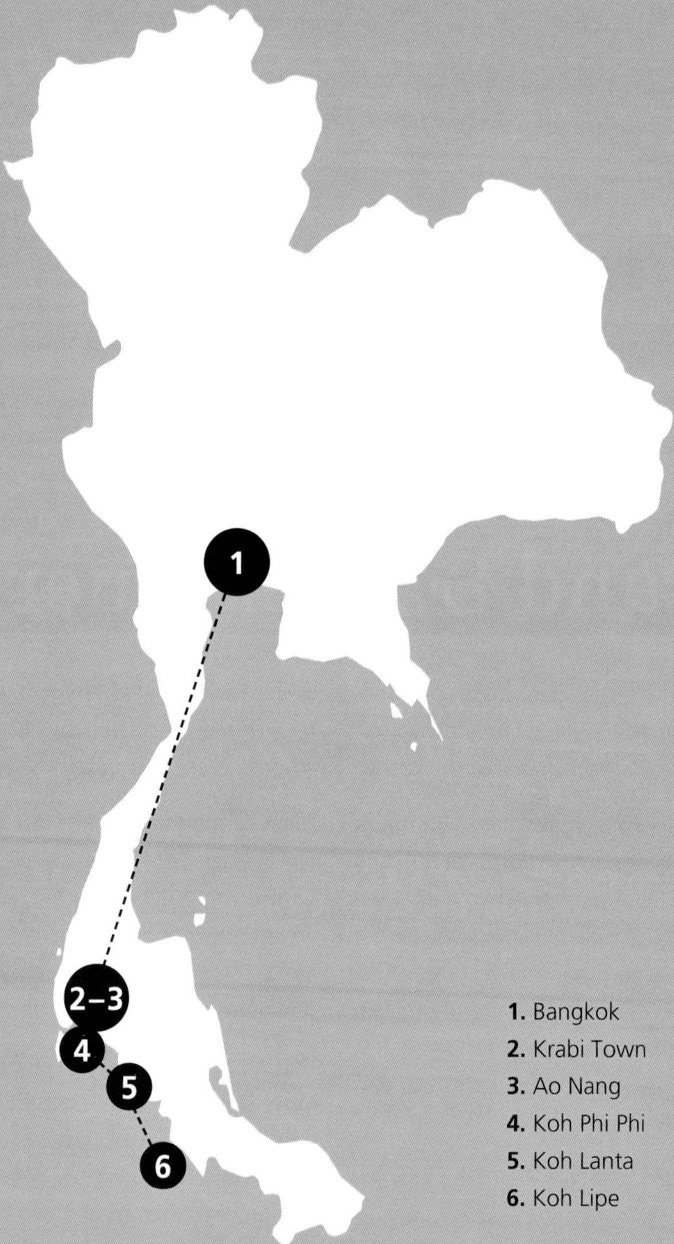

1. Bangkok
2. Krabi Town
3. Ao Nang
4. Koh Phi Phi
5. Koh Lanta
6. Koh Lipe

Highlights: Bangkok

Dauer:
2–3 Tage

Baiyoke Sky Tower

Kosten: 400 Baht (inkl. Drink)
Wann: 10:00–22:30 Uhr

Baiyoke Sky Tower

Die Skybar des Baiyoke Towers ist vielleicht nicht die schönste der Stadt, jedoch kann der Tower auf seiner rotierenden Plattform im 85. Stock mit einer 360-Grad-Aussicht auf Bangkok überzeugen. Bevor du auf die Aussichtplattform gelangst, gibt es im Inneren noch etwas über die interessante Geschichte der Stadt zu sehen.

Khao San Road

Das berühmte Backpackerviertel Bangkoks. Hier gibt es alles von Shops für Kleidung, Bars, Diskotheken, Restaurants bis hin zu nächtlichen Leckereien an den etlichen Straßenständen. Wenn du dich traust, kannst du hier z.B. ein paar frittierte Heuschrecken oder Skorpione probieren.

Wann: 6:00–17:00 Uhr
Kosten: kostenlos

Highlights: Bangkok

Asiatique – The Riverfront

Kosten: kostenlos
Tipp: Vom *Sathorn Pier* am Chao Phraya, welches an der BTS-Station *Saphan Taksin* liegt, fährt am Abend ein Shuttleboot kostenlos zum Asiatique Nachtmarkt.

Asiatique – The Riverfront

Der Asiatique Nachtmarkt liegt direkt am Wasser und wurde hauptsächlich für Touristen angelegt. Alles ist sehr schick gebaut worden und neben diversen Einkaufsmöglichkeiten bieten hier auch viele Restaurants ihre Speisen für ein leckeres Abendessen an.

Ein Highlight ist definitiv die Fahrt auf dem Riesenrad, von dem du einen fantastischen Blick auf die Stadt hast. Wenn du thailändische Garküchen magst, findest du auch diese vor dem Eingang des Asiatique Nachtmarktes auf der Straße.

Weitere Highlights:

- **Wat Arun** – Wann: 7:00–17:00 Uhr, Kosten: 50 Baht
- **Wat Pho** – Wann: 8:30–18:30 Uhr, Kosten: 200 Baht
- **Wat Phra Kaeo** – Wann: 8:30–15:30 Uhr, Kosten: 500 Baht
- **Koh Kret** – Wann: rund um die Uhr, Kosten: Preise variieren je nach Transportanbieter
- **Taling Chan Floating Market** – Wann: 8:30–16:00 Uhr, Kosten: kostenlos
- **Chatuchak Markt** – Wann: 6:00–18:00 Uhr (Freitag–Sonntag), Kosten: kostenlos

Highlights: Krabi Town

Dauer: 2 Tage

Tiger Cave Tempel

Kosten: kostenlos
Wann: rund um die Uhr
Tipp: Miete dir einen Motorroller für ca. 200 Baht in Krabi Town und fahre auf eigene Faust zum Tempel. So hast du keinen Taxifahrer, der auf dich warten muss. Oder du musst später kein Sammeltaxi suchen. Außerdem kommst du bei der Fahrt definitiv günstiger weg.

Wat Tham Sua – Tiger Cave Tempel

Der Tiger Cave Tempel liegt etwas außerhalb von Krabi Town und ist eines der Wahrzeichen der Stadt. Die Tempelanlage ist schon beeindruckend, aber das Highlight ist der Tempel auf dem Gipfel des Berges. Um diesen zu besuchen, musst du 1237 Stufen überwinden. Das erfordert jede Menge Schweiß und Kondition, aber es lohnt sich absolut. Der Ausblick auf Krabi und Umgebung ist traumhaft und definitiv eines der Must-Sees in der Region Krabi.

Nachtmarkt an der Beach Road

Der kleine Nachtmarkt am Ufer des Krabi Rivers bietet viele verschiedene Essensmöglichkeiten zu kleinen Preisen an. Meistens wird der Markt von Einheimischen besucht und nur wenige Touristen verlaufen sich dort hin. Dafür ist das Essen original thailändisch, lecker und günstig.

Kosten: kostenlos
Wann: täglich 20:00 – 0:00 Uhr

Highlights: Krabi Town

Khao Kanab Nam

Die zwei 60 Meter hohen Felsen sind von der Uferpromenade des Krabi Rivers zu sehen und gerade beim Sonnenuntergang ist dies ein sehr beliebtes Panorama. Die große Krabbenstatue ist dazu ein sehr beliebtes Fotomotiv, das du dir bei einem Aufenthalt in Krabi Town nicht entgehen lassen solltest.

Wann: rund um die Uhr
Kosten: kostenlos

Weitere Highlights:

- **Fahrt mit dem Longtailboot durch die Mangroven** – Wann: tagsüber, Kosten: ca. 200 Baht
- **Wat Kaewkorawaram** – Wann: tagsüber, Kosten: kostenlos

Ansonsten sind die weiteren Highlights die Umgebung von Krabi Town mit **Ao Nang, Koh Poda, Phra Nang Cave Beach** etc. Siehe hierfür die nächsten Punkte auf der Route.

Highlights: Ao Nang

Dauer:
6–7 Tage

Koh Poda

Kosten: 300 Baht (Hin- und Rückfahrt) + 100 Baht Eintritt ins Naturschutzgebiet, in dem die Insel liegt
Wann: 8:00 – 16:00 Uhr

Koh Poda

Die Überfahrt mit dem Longtailboot dauert ca. 25 Minuten und Tickets gibt es an den Kassenhäuschen am Strand von Ao Nang zu kaufen. Die Insel ist ein kleines Paradies: türkisfarbenes Wasser, weißer Sandstrand und bunte Fische, die im Wasser schwimmen. Sehr empfehlenswert für einen Tagesausflug.

Phra Nang Cave Beach

Der Strand befindet sich zwar auf dem Festland von Krabi, kann jedoch nur mit einem Boot erreicht werden. Er bietet Möglichkeiten zum Schwimmen und eine beeindruckende Aussicht auf *Chicken Island, Tub Island* und *Koh Poda*. Außerdem kannst du an den Felsen super klettern, was sehr viele Besucher in Krabi machen. Tickets lassen sich ebenfalls wie für Koh Poda erwerben.

Kosten: 200 Baht (Hin- und Rückfahrt)
Wann: 8:00 – 18:00 Uhr

Highlights: Ao Nang

Chicken Island & Tub Island

Kosten: 300 Baht (Hin- und Rückfahrt) + 400 Baht (Chicken Island) oder 200 Baht (Tub Island)
Wann: 8:00–16:00 Uhr

Chicken Island & Tub Island

Ein Tagesausflug zu diesen beiden Inseln kann perfekt miteinander kombiniert werden, da die Inseln über eine Sandbank verbunden sind. Das Wasser ist hier traumhaft klar und türkis. Der feine Sand, die atemberaubende Kulisse und der Viewpoint tun ihr Übriges.

Weitere Highlights:

- **Ao Nang Beach**
- **Railey Beach**
- **Ton Sai Beach**
- **Hong Island**
- **Rollertour nach Klong Muang**
- **Nachtmarkt (Walking Street)** Wann: Freitag–Samstag abends, wo: Soi 11/1 (ca. 2 Kilometer von der Strandpromenade entfernt)

Highlights: Koh Phi Phi

Dauer: 3–4 Tage

Koh Phi Phi Viewpoints

Um die beiden Viewpoints von Koh Phi Phi Don zu erreichen, musst du ca. 15 Minuten Treppen steigen. Am Ende der Treppen wird ein Eintritt verlangt und von dort aus gehst du immer weiter den Weg entlang, um bei Viewpoint 1 anzukommen. Eine wunderschöne Aussicht auf Koh Phi Phi Leh belohnt dich dafür. Weiter den Weg entlang kommst du zum Viewpoint 2, der auch eine beeindruckende Aussicht auf Koh Phi Phi Don bietet.

Kosten: 30 Baht Eintritt
Wann: tagsüber

Maya Bay

Kosten: Ab 400 Baht für einen Tagesausflug inkl. Lo Sama Bay, Pi Leh Bay etc./ca. 2000 Baht für 3 Stunden mit dem privaten Longtailboot
Wann: tagsüber

Maya Bay

Der wohl bekannteste Strand von Koh Phi Phi liegt auf Koh Phi Phi Leh und wird fast komplett von Felsen umschlossen. Die Kulisse diente der Filmcrew von "*The Beach*" als Drehort und das lockt natürlich viele Touristen an. Ab ca. 11 Uhr ist der Strand leider total überfüllt, bietet aber trotzdem eine wunderschöne Umgebung, klares Wasser und weißen Sandstrand.

Tipp: Solltest du mit dem privaten Longtailboot, was in der Nähe des Wassers gemietet werden kann, zur Maya Bay fahren, dann am besten sehr früh morgens (vor 8:00 Uhr) losfahren, damit noch sehr wenige Besucher am Strand sind.

Highlights: Koh Phi Phi

Long Beach

Der Long Beach auf Koh Phi Phi Don beeindruckt mit seinem klaren Wasser, weißem Sandstrand und einer tollen Aussicht auf Koh Phi Phi Leh. Der Weg dorthin ist nicht ganz einfach zu finden. Du musst bis zum *Andaman Beach Resort* gehen, dann durch dieses hindurch an den Strand. Von dort kannst du ein Longtailboot mieten, was die einfachere Variante ist. Zu Fuß musst du am Ende des Strandes ein paar Treppen hinauf und an etlichen Bungalowanlagen ca. 15 Minuten zu Fuß entlang spazieren.

Kosten: 200 Baht für den Bootstransfer
Wann: Bootstransfer tagsüber, ansonsten rund um die Uhr

Weitere Highlights:

- **Pi Leh Bay**
- **Lo Sama Bay**
- **Bamboo Island**
- **Loh Mo Dee Beach**

Highlights: Koh Lanta

Dauer: 6–7 Tage

Klong Dao Beach

Nach persönlicher Einschätzung der schönste Strand von Koh Lanta. Er liegt im Norden und ist nicht weit von *Ban Saladan* entfernt, wo die Fähren anlegen. Der Strand fällt sehr flach ins Meer ab, was ihn auch perfekt für Kinder macht. Im Wasser gibt es keine Steine und gerade zur Nebensaison kann es mal passieren, dass du auch die einzige Person am Strand bist.

Kosten: kostenlos
Wann: rund um die Uhr

Mu Koh Lanta Nationalpark

Der Nationalpark liegt am südlichen Ende von *Koh Lanta Yai*, der größeren der beiden Inseln. Er ist sehr gepflegt mit Palmen, einem Wanderpfad durch den "Dschungel", einem alten Leuchtturm und natürlich einem Strand. Zum Baden eignet dieser sich wegen der vielen Steine im Wasser leider nicht so sehr, dafür ist der Nationalpark aber ein schönes Ziel, um sich ein bisschen was von der Insel anzuschauen.

Kosten: 200 Baht
Wann: tagsüber

Highlights: Koh Lanta

Phra Ae Beach (Long Beach)

Der Strand ist mit seinen knapp 4 Kilometern der längste der Insel. Hier findest du sehr gut einen Platz für dich allein, wo nicht allzu viel los ist. Am Abend kannst du von hier super den Sonnenuntergang genießen und dir ein Bier oder einen Cocktail in einer der Bars am Strand gönnen.

Kosten: kostenlos
Wann: rund um die Uhr

Weitere Highlights:

- **Nachtmarkt in Ban Saladan**
- **Old Lanta Town**
- **Klong Nin & Klong Hin Beach**
- **Klong Jark Beach**
- **Ba Kan Tiang Beach**

Highlights: Koh Lipe

Dauer: 5–6 Tage

Pattaya Beach

Wer den Namen mit der gleichnamigen thailändischen Stadt verbindet, liegt hier vollkommen falsch! Doch neben dem kristallklaren Wasser und weißem Sand befinden sich an diesem Traumstrand die meisten Besucher, Restaurants, Bars und auch eine Walking Street, die durch die Insel führt.

Kosten: kostenlos
Wann: rund um die Uhr

Sunset Beach

Wie der Name schon vermuten lässt, gibt es hier traumhafte Sonnenuntergänge mit Blick auf die benachbarten *Butang* Inseln zu sehen. Ansonsten ist der Strand auch wesentlich ruhiger als die beiden Hauptstrände der Insel.

Kosten: kostenlos
Wann: rund um die Uhr

Highlights: Koh Lipe

Sunrise Beach

Einer der schönsten Strände der Insel und mit einer Länge von ca. zwei Kilometern vor allem der längste auf Koh Lipe. Am Ende befindet sich eine kleine Sandbank, die vom Strand ins Meer ragt. Außerdem ist der Sunrise Beach einer der besten Plätze der Insel, um direkt vom Strand aus schnorcheln zu gehen.

Kosten: kostenlos
Wann: rund um die Uhr

Weitere Highlights:

- **Ausflug nach Koh Rawi**
- **Ausflug nach Koh Adang**
- **Walking Street**

Transport

A) Flugzeug / Taxi / Fähre (mittleres bis hohes Budget)

€€€

1. Bangkok – Krabi

Suvarnabhumi International Airport (BKK) – Krabi International Airport (KBV)

Airlines: Bangkok Airways und Thai Airways
Buchen: In jedem Tourist Office, Reisebüro oder online über die Webseite der Airline.
Dauer: ca. 1 Stunde und 15 Minuten
Kosten: 1500–2000 Baht*

Don Mueang International Airport (DMK) – Krabi International Airport (KBV)

Airlines: Air Asia, Nok Air und Thai Lion Air
Buchen: In jedem Tourist Office, Reisebüro oder online über die Webseite der Airline.
Dauer: ca. 1 Stunde und 15 Minuten
Kosten: ca. 500–1500 Baht*

Tipp: Vom Krabi Airport gibt es für 90 Baht einen Shuttlebus in die Stadt, oder du nimmst ein Taxi für ca. 400 Baht.

2. Krabi – Ao Nang

Anbieter: Taxi
Buchen: In jedem Hotel oder ein Taxi auf der Straße anhalten.
Dauer: 30 Minuten
Kosten: ca. 300–400 Baht*

3. Ao Nang – Koh Phi Phi

Ao Nang Nopparat Thara Pier – Koh Phi Phi Tonsai Pier

Anbieter: Phi Phi Ferry
Buchen: In jedem Tourist Office oder Reisebüro in Ao Nang.
Uhrzeit: 9:30 Uhr
Dauer: 2 Stunden
Kosten: ca. 400 Baht*

Krabi Klong Jilard Pier – Koh Phi Phi Tonsai Pier

Anbieter: Phi Phi Ferry
Buchen: In jedem Reisebüro in Ao Nang oder auf der Webseite des Anbieters.
Uhrzeit: 9:00, 13:30 Uhr + 15:30 Uhr (nur in der High Season)
Dauer: 1 Stunde 30 Minuten + 30 Minuten Transfer von Ao Nang nach Krabi
Kosten: ca. 400 Baht*

4. Koh Phi Phi – Koh Lanta

Koh Phi Phi Tonsai Pier – Koh Lanta Ban Saladan Pier

Anbieter: Phi Phi Ferry
Buchen: In jedem Reisebüro auf Koh Phi Phi oder auf der Webseite des Anbieters.
Uhrzeit: 11:30 Uhr + 15:30 Uhr (nur in der High Season)
Dauer: 1 Stunde
Kosten: ca. 450 Baht*

5. Koh Lanta – Koh Lipe

Koh Lanta Ban Saladan Pier – Koh Lipe

Anbieter: Tigerline Travel
Buchen: In jedem Reisebüro auf Koh Lanta oder auf der Webseite des Anbieters.
Uhrzeit: 10:30 Uhr
Dauer: 3 Stunden
Kosten: 1700 Baht + 50 Baht Longtailboot zwischen Fähre und Insel + 200 Baht Eintritt für die Insel

Achtung: Koh Lipe besitzt kein wirkliches Pier und so werden die Gäste von der Fähre mit Longtailbooten von lokalen Fischern gegen ca. 50 Baht an Land gebracht. Die Fähren zwischen Koh Lanta und Koh Lipe verkehren nur in der Hauptsaison, die von November bis April ist.

Koh Lanta Ban Saladan Pier – Koh Lipe

Anbieter: Bundhaya Speed Boat
Buchen: In jedem Reisebüro auf Koh Lanta oder auf der Webseite des Anbieters.
Uhrzeit: 10:30 Uhr
Dauer: 3 Stunden
Kosten: 1900 Baht + 200 Baht Eintritt für die Insel

Info: Die Fähre legt am Bundhaya Resort auf Koh Lipe an.

Speedboot auf Koh Lipe

6. Koh Lipe – Bangkok

Koh Lipe – Krabi International Airport (KBV)

Anbieter: Tigerline Travel
Buchen: Tarutao Cabana am Sunrise Beach oder auf der Webseite des Anbieters.
Uhrzeit: 10:30 Uhr
Dauer: 5 Stunden
Kosten: 1250 Baht + 50 Baht für ein Longtailboot (siehe Achtung Punkt 5)

Achtung: Wenn du einen Anschlussflug nach Bangkok am selben Tag wählst, solltest du diesen laut Webseite des Anbieters nicht vor 17 Uhr legen.

Krabi International Airport (KBV) – Suvarnabhumi International Airport (BKK)

Airlines: Bangkok Airways und Thai Airways
Buchen: In jedem Tourist Office, Reisebüro oder online über die Webseite der Airline.
Dauer: ca. 1 Stunde und 15 Minuten
Kosten: 1500–2000 Baht*

Krabi International Airport (KBV) – Don Mueang International Airport (DMK)

Airlines: Air Asia, Nok Air und Thai Lion Air
Buchen: In jedem Tourist Office, Reisebüro oder online über die Webseite der Airline.
Dauer: ca. 1 Stunde und 15 Minuten
Kosten: ca. 500–1500 Baht*

* Preise sind für One-Way-Tickets und variieren je nach Saison. Dies sind nur ungefähre Angaben.

B) Bus / Zug / Fähre (geringes bis mittleres Budget)

1. Bangkok – Krabi

Bangkok Sai Tai Mai (Southern Bus Terminal) – Krabi Bus Terminal

Anbieter: Sombat Tours etc.
Buchen: Ticket direkt am Bus Terminal oder in einem Tourist Office kaufen.
Dauer: ca. 12 Stunden
Kosten: 500–950 Baht* (je nach Buskategorie VIP, 1. Klasse oder 2. Klasse)

1.1 Bangkok – Surat Thani – Krabi

Bangkok Hua Lamphong (Bahnhof) – Surat Thani (Bahnhof)

Buchen: In jedem Tourist Office, Reisebüro oder direkt am Bahnhof in Bangkok.
Dauer: ca. 12 Stunden
Kosten: ca. 700–900 Baht*

Surat Thani (Bahnhof) – Krabi Bus Terminal

Buchen: Ticket direkt am Bahnhof kaufen.
Dauer: 3 Stunden
Kosten: ca. 250 Baht*

2. Krabi – Ao Nang

Anbieter: Shuttlebus
Buchen: Ticket direkt im Bus kaufen.
Dauer: 30 Minuten
Kosten: ca. 50–80 Baht*

Achtung: Den Bus findest du entweder am Krabi Bus Terminal oder aber an jedem Hostel in Krabi. Dort fährt der Bus in mehr oder weniger regelmäßigen Abständen vorbei und sammelt Reisende ein. Einfach die Hand raushalten, der Bus hält an und nimmt dich mit.

3. Ao Nang – Koh Phi Phi

Siehe Route 3 (A) – Punkt 3

4. Koh Phi Phi – Koh Lanta

Siehe Route 3 (A) – Punkt 4

5. Koh Lanta – Koh Lipe

Siehe Route 3 (A) – Punkt 5

6. Koh Lipe – Krabi – Bangkok

Koh Lipe – Krabi Bus Terminal

Anbieter: Tigerline Travel
Buchen: Tarutao Cabana am Sunrise Beach oder auf der Webseite des Anbieters.
Uhrzeit: 10:30 Uhr
Dauer: 5 Stunden
Kosten: 1250 Baht + 50 Baht für ein Longtailboot (siehe Achtung Punkt 5)

Krabi Bus Terminal – Bangkok Sai Tai Mai (Southern Bus Terminal)

Anbieter: Sombat Tours etc.
Buchen: Ticket direkt am Bus Terminal oder in einem Tourist Office kaufen.
Dauer: ca. 12 Stunden
Kosten: 500–950 Baht* (je nach Buskategorie VIP, 1. Klasse oder 2. Klasse)

6.1 Koh Lipe – Krabi – Surat Thani – Bangkok

Krabi Bus Terminal – Surat Thani (Bahnhof)

Buchen: Ticket direkt am Bahnhof kaufen.
Dauer: 3 Stunden
Kosten: ca. 250 Baht*

Surat Thani (Bahnhof) – Bangkok Hua Lamphong (Bahnhof)

Buchen: In jedem Tourist Office, Reisebüro oder direkt am Bahnhof in Surat Thani.
Dauer: ca. 12 Stunden
Kosten: ca. 700–900 Baht*

* Preise sind für One-Way-Tickets und variieren je nach Saison. Dies sind nur ungefähre Angaben.

Route 4

Party

Die vierte Route ist für alle Partyfans. Hier fassen wir viele der bekanntesten Orte und Party-Locations für dich zusammen.

In **Bangkok** kannst du in der Khao San Road oder in der Soi Patpong 1 & 2 die Nacht zum Tag machen. Dort findest du auch einen tollen Nachtmarkt umgeben von Bars und Clubs.

Raus aus der Großstadt und ab nach **Phuket** in die Bangla Road, der Partymeile überhaupt auf Phuket bzw. in Patong. Wenn du es etwas ruhiger magst, kannst du zum Bangla & Karon Plaza am Karon Beach gehen. Aber auch dort wird es nachts nie langweilig.

Nach abendlichen Strandpartys im Tonsai Village auf **Koh Phi Phi** geht es weiter nach **Ao Nang** und **Krabi Town**. In Ao Nang gibt es den sogenannten Center Point mit etlichen Clubs & Bars. Krabi Town dagegen ist etwas ruhiger, aber auch hier findest du eine Party – besonders im Pak Up Hostel.

Nun geht es in den Golf von Thailand nach **Koh Samui**. Berühmt für Partys sind dort die Soi Green Mango und die Soi Reggae. Zum Abschluss steht **Koh Phangan** mit Full Moon, Half Moon oder Black Moon Party auf dem Programm. Nach der Tour brauchst du wahrscheinlich etwas Erholung. Wir hoffen es hat trotzdem Spaß gemacht!

Route 4: Übersicht

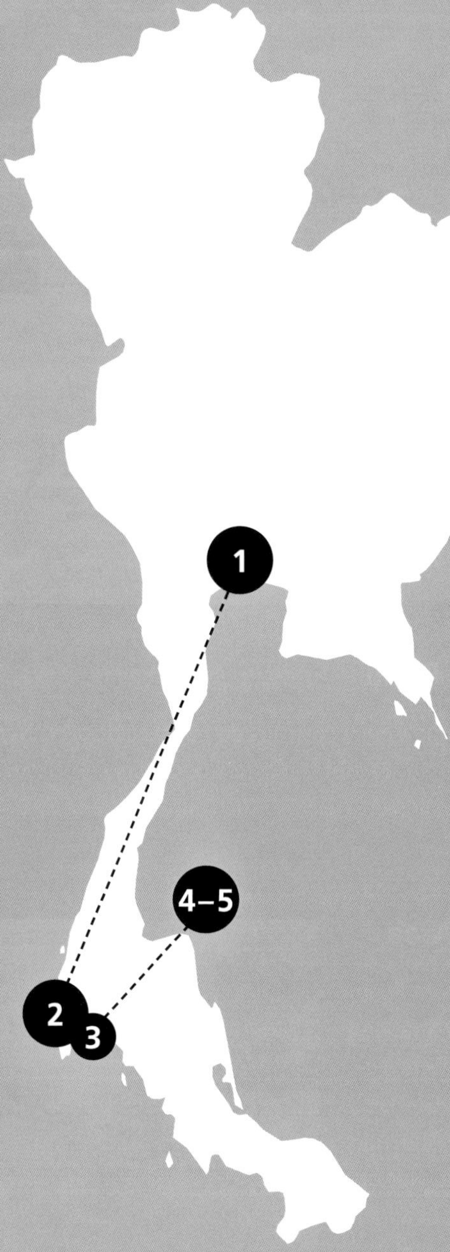

1. Bangkok
2. Phuket
3. Koh Phi Phi/Ao Nang/
Krabi Town
4. Koh Samui
5. Koh Phangan

Highlights: Bangkok

Dauer: 4–5 Tage

Feiern in der Khao San Road

Hier treffen sich am Abend alle möglichen Leute aus den verschiedensten Nationen, um die Nacht zum Tag werden zu lassen. Es gibt ruhigere Cocktailbars, aber auch Bars, die zu später Stunde zur Disco umfunktioniert werden. Auch auf der Straße wird gefeiert, da die Bars meist überfüllt sind.

Feiern in der Patpong Area

Das Patpong Areal liegt an der *Silom Road* und besteht im Großen aus zwei Straßen. Es ist das berühmt-berüchtigte Rotlichtviertel von Bangkok mit etlichen Go-Go-Bars, Bierbars und einem großen Nachtmarkt, wo du ordentlich shoppen kannst. Nur ob alles immer Originalware, wie oft angepriesen ist, würden wir stark bezweifeln.

Nachtleben am Chao Phraya

Das Nachtleben an Bangkoks großem Fluss ist eher ruhiger. Nichtsdestotrotz ist es für einen entspannten Abend oder für den Einstieg in den Abend mit seinen Skybars, wie dem Sirocco auf dem Lebua at State Tower (bekannt aus Hangover 2) oder der Three Sixty Bar auf dem Millennium Hilton, nicht zu verachten. Von diesen Skybars hast du es auch nicht weit zur BTS-Station "*Saphan Taksin*", so dass du bei Bedarf immer noch mit der Bahn in die Innenstadt zum Feiern fahren kannst.

Weitere Highlights:

- **Sukhumvit Soi 22**
- **Q-Bar**
- **Soi Cowboy**

Highlights: Phuket

Dauer:
5–6 Tage

Patong Beach – Bangla Road

Phukets Patong ist berühmt für seine Partys und wahrscheinlich DER Party-Hotspot der Andaman Küste. Auf der Bangla Road und den Nebengassen findet sich von Bars mit Livemusik, Diskotheken, Bierbars und Go-Go-Bars einfach alles, was das Partyherz begehrt.

Karon Beach – Bangla Plaza & Karon Plaza

Oft wird die Partymeile vom Karon Beach als die kleine Schwester von Patongs Nachtleben betitelt. Hier finden sich auch alle gängigen Nachtclubs und Bars, nur nicht in der Masse wie es in der Bangla Road in Patong der Fall ist. Für die Partygänger wird sich hier aber auch einiges finden, um die Nacht zum Tag werden lassen.

Highlights: Koh Phi Phi & Krabi / Ao Nang

Dauer: 2–3 Tage

Feiern auf Koh Phi Phi

Auf Koh Phi Phi gibt es zahlreiche Bars im *Tonsai Village*, sowie einige Bars, die zu später Stunde eher zur Disco werden. In der Reggae Bar gibt es öfters Muay Thai Showkämpfe und auch mutige Reisende können sich am Ende der Show in den Ring wagen. Ansonsten gibt es am gegenüberliegenden Strand der Tonsai Bay, dem *Loh Dalam Beach* jeden Abend Partys am Strand, Feuershows und abendliche Unterhaltung.

Center Point Ao Nang

Dauer: 4–5 Tage

Der Center Point von Ao Nang liegt in der zweiten Reihe der *Beach Road* und bietet Clubs und Bars auf 3 Stockwerken. Im Gegensatz zu Phuket ist die Anzahl der nächtlichen Aktivitäten hier jedoch sehr eingeschränkt. Trotzdem kannst du mit einem oder zwei Bier in einer Bar vor dem Center Point den Abend ruhig angehen lassen und dich danach durch die Clubs probieren. Erwarte jedoch keine Partymassen wie in Phuket oder auf Koh Phi Phi.

Playground Krabi / Pak Up Hostel

Krabi selbst hat keine allzu große Partyszene. Aufgefallen ist uns jedenfalls, dass dem Pak Up Hostel eine Bar/Disco angeschlossen ist, die auf den Namen *Playground* hört. Dort werden alle 2 Tage Partys veranstaltet und du kannst die laute Musik schon von Weitem hören. Für die meisten Reisenden ist Krabi nur ein Durchfahrtsort, wenn du aber trotzdem nicht auf deine Party verzichten möchtest, dann bist du hier gut aufgehoben.

Center Point Ao Nang

Dauer: 6–7 Tage

Green Mango

Kosten: Eintritt kostenlos

Chaweng – Soi Green Mango

In der Soi Green Mango befindet sich neben vielen Bierbars und kleineren Clubs/Bars, die wohl größte Diskothek der Insel: das *Green Mango*. Am Abend gegen Mitternacht wird das Green Mango langsam voll und viele Leute wechseln aus den umliegenden Bars dorthin. Wenn das Green Mango gegen 2–3 Uhr schließt, kannst du noch etwas in den umliegenden Bars und kleineren Clubs weiterfeiern.

Chaweng – Soi Reggae

Die Soi Reggae ist nach dem großen *Reggae Pub*, welches in der Straße liegt, benannt. Hier gibt es auf dem Weg zum Pub etliche Bierbars. Das Reggae Pub bietet jeden Abend Livemusik. Wie der Name schon vermuten lässt, meistens in der Reggae-Richtung und danach wird die Tanzfläche vor der Bühne gefüllt. Ein wenig ruhiger als in der Soi Green Mango, aber auch das kann ja seinen Reiz haben.

Lamai – Zentrum

Im Zentrum des Ortes Lamai gibt es auch eine kleinere, aber trotzdem gute Partyszene. Neben der *Fusion* Diskothek gibt es auch hier etliche Bierbars, Pubs und Bars mit Livemusik.

Highlights: Koh Phangan

Dauer: 5–6 Tage

Full Moon Party

Kosten: 100 Baht Eintritt

Full Moon Party

Die Full Moon Party findet jeden Monat, wie der Name schon sagt, zum Vollmond statt. Der Strand von *Haad Rin* verwandelt sich dabei für 10000–30000 Leute zu einer einzigen Partymeile. Hier gibt es etliche Resorts, die eine Bühne für DJs am Strand aufbauen, zahlreiche Shops, die Buckets (kleine Eimer mit Alkohol und Mischgetränk) verkaufen und viele Stände, die Leute mit Neonfarben bemalen. Die Party geht bis in die Morgenstunden und fast alle Südostasien-Reisende landen früher oder später mal bei einer dieser Partys.

Bangers & Mash (BM Bar)

In der Nähe des Big C Supermarkets findest du die BM Bar. Jeden Abend geöffnet, ist freitags zur Ladies Night am meisten los. Alle Cocktails ab 99 Baht (auch für Männer).

Half Moon Party

Die Half Moon Party gibt es zweimal im Monat. Einmal vor und einmal nach der Full Moon Party. Diese Party findet im Dschungel in der Nähe des Dorfes *Baan Tai* statt. Es ist die zweitgrößte Party auf Koh Phangan.

Kosten: 1400 Baht inkl. 2 Getränken / 1200 Baht Pre-Sale

A) Flugzeug / Fähre / Taxi (hohes Budget)

€€€

1. Bangkok – Phuket / Patong

Suvarnabhumi International Airport (BKK) – Phuket International Airport (HKT)

Airlines: Bangkok Airways, Thai Airways und Thai Smile
Buchen: In jedem Tourist Office, Reisebüro oder online über die Webseite der Airline.
Dauer: ca. 1 Stunde 20 Minuten
Kosten: 1600–2500 Baht*

Don Mueang International Airport (DMK) – Phuket International Airport (HKT)

Airlines: Air Asia, Nok Air und Thai Lion Air
Buchen: In jedem Tourist Office, Reisebüro oder online über die Webseite der Airline.
Dauer: ca. 1 Stunde 20 Minuten
Kosten: 600–2000 Baht*

Phuket International Airport (HKT) – Phuket / Patong Beach

Anbieter: Taxi am Flughafen
Dauer: ca. 45 Minuten
Kosten: ca. 500–600 Baht*

2. Phuket / Patong Beach – Koh Phi Phi

Phuket Rassada Pier – Koh Phi Phi Tonsai Pier

Anbieter: Phuket Ferry
Buchen: In jedem Reisebüro auf Phuket oder online über die Webseite des Anbieters.
Uhrzeit: 8:30, 11:00, 13:30 und 15:00 Uhr etc.
Dauer: 2 Stunden + 45 Minuten Fahrt nach Phuket Town
Kosten: ca. 300–850 Baht*

3. Koh Phi Phi – Ao Nang / Krabi

Koh Phi Phi Tonsai Pier – Ao Nang Nopparat Thara Pier

Anbieter: Phi Phi Ferry
Buchen: In jedem Reisebüro auf Koh Phi Phi oder online über die Webseite des Anbieters.
Uhrzeit: 9:30 Uhr
Dauer: 1 Stunde 30 Minuten
Kosten: ca. 500 Baht*

Koh Phi Phi Tonsai Pier – Krabi Klong Jilard Pier

Anbieter: Phi Phi Ferry
Buchen: In jedem Reisebüro auf Koh Phi Phi oder online über die Webseite des Anbieters.
Uhrzeit: 10:30 Uhr und 15:30 Uhr
Dauer: 2 Stunden
Kosten: ca. 400 Baht*

4. Ao Nang / Krabi International Airport (KBV) – Koh Samui Airport (USM)

Anbieter: Bangkok Airways
Buchen: In jedem Reisebüro oder auf der Webseite des Anbieters.
Dauer: ca. 50 Minuten
Kosten: ca. 3500 Baht*

Info: Wenn du aus Ao Nang anreist, musst du noch mit Extrakosten von 400 Baht* für eine Taxifahrt zum Krabi International Airport rechnen. Die günstigere Alternative wäre der Shuttlebus von Ao Nang zum Flughafen für ca. 150 Baht*.

5. Koh Samui – Koh Phangan

Koh Samui Bangrak Pier – Koh Phangan (Thong Sala)

Anbieter: Seatran Discovery
Buchen: In jedem Reisebüro auf Koh Samui oder online über die Webseite des Anbieters.
Dauer: ca. 30 Minuten
Kosten: 300 Baht*

Koh Samui Maenam Pier – Koh Phangan (Thong Sala)

Anbieter: Lomprayah
Buchen: In jedem Reisebüro auf Koh Samui oder online über die Webseite des Anbieters.
Dauer: ca. 30 Minuten
Kosten: 300 Baht*

Koh Samui Nathon Pier – Koh Phangan (Thong Sala)

Anbieter: Songserm Express
Buchen: In jedem Reisebüro auf Koh Samui oder online über die Webseite des Anbieters.
Dauer: ca. 50 Minuten
Kosten: 200 Baht*

Koh Samui Big Buddha Pier – Koh Phangan (Haad Rin)

Anbieter: Haad Rin Queen
Buchen: In jedem Reisebüro der Insel, teilweise in den Hotels und direkt am Pier.
Dauer: ca. 50 Minuten
Kosten: 200 Baht*

Lomprayah Fähre am Thong Sala Pier auf Koh Phangan

6. Koh Phangan – Bangkok

Fähre:

Koh Phangan (Thong Sala) – Koh Samui Maenam Pier

Anbieter: Lomprayah
Buchen: In jedem Reisebüro auf Koh Phangan oder online über die Webseite des Anbieters.
Dauer: ca. 30 Minuten
Kosten: 300 Baht*

Transport

Koh Phangan (Thong Sala) – Koh Samui Bangrak Pier

Anbieter: Seatran Discovery
Buchen: In jedem Reisebüro auf Koh Phangan oder online über die Webseite des Anbieters.
Dauer: ca. 30 Minuten
Kosten: 300 Baht*

Koh Phangan (Thong Sala) – Koh Samui Nathon Pier

Anbieter: Songserm Express
Buchen: In jedem Reisebüro auf Koh Phangan oder online über die Webseite des Anbieters.
Dauer: ca. 50 Minuten
Kosten: 200 Baht*

Koh Phangan (Haad Rin) – Koh Samui Big Buddha Pier

Anbieter: Haad Rin Queen
Buchen: In jedem Reisebüro der Insel, teilweise in den Hotels und direkt am Pier.
Dauer: ca. 50 Minuten
Kosten: 200 Baht*

Flug:

Samui International Airport (USM) – Suvarnabhumi International Airport (BKK)

Airlines: Bangkok Airways und Thai Airways
Dauer: ca. 1 Stunde und 10 Minuten
Kosten: 3000–6000 Baht*

Info: Zwischen dem Pier und dem Flughafen brauchst du natürlich noch ein Taxi, einen Van oder ein Sammeltaxi. Je nachdem welches Transportmittel du wählst und wie weit du vom Flughafen entfernt bist, können hier Kosten von 150–600 Baht anfallen.

Tipp: Wenn du den Fähranbieter *Lomprayah* wählst, dann kannst du dort einen Transfer für 150 Baht auf Koh Samui dazu buchen.

* Preise sind für One-Way-Tickets und variieren je nach Saison. Dies sind nur ungefähre Angaben.

B) Flugzeug / Bus / Fähre (mittleres, kleines Budget)

1. Bangkok – Phuket / Patong

Don Mueang International Airport (DMK) – Phuket International Airport (HKT)

Airlines: Air Asia, Nok Air und Thai Lion Air
Buchen: In jedem Tourist Office, Reisebüro oder online über die Webseite der Airline.
Dauer: ca. 1 Stunde 20 Minuten
Kosten: 600 – 2000 Baht*

Phuket International Airport (HKT) – Phuket / Patong Beach

Anbieter: Phuket Airport Bus Express
Dauer: ca. 1 Stunde 30 Minuten
Kosten: 50 – 100 Baht* (abhängig vom Endziel)

Info: Der Bus fährt jedoch nicht bis Patong. Du könntest bis Phuket Town fahren und dort in ein Sammeltaxi nach Patong steigen. Ca. 100 Baht.

Bangkok Sai Tai Mai (Southern Bus Terminal) – Phuket Bus Terminal (Phuket Town)

Anbieter: Sombat Tours, Phuket Travel etc.
Buchen: Ticket vor Ort am Bus Terminal oder in einem der vielen Reisebüros kaufen.
Dauer: ca. 12 – 16 Stunden
Kosten: ca. 600 – 1100 Baht* (je nach Buskategorie)

Phuket Bus Terminal – Phuket / Patong Beach

Anbieter: Sammeltaxi oder Minivan
Dauer: ca. 45 Minuten
Kosten: ca. 100 Baht*

2. Phuket / Patong Beach – Koh Phi Phi

Siehe Route 4 (A) – Punkt 2

3. Koh Phi Phi – Ao Nang / Krabi

Siehe Route 4 (A) – Punkt 3

4. Ao Nang / Krabi – Koh Samui

Ao Nang – Krabi

Anbieter: Shuttlebus
Buchen: Ticket direkt im Bus kaufen.
Dauer: 30 Minuten
Kosten: ca. 50–80 Baht*

Achtung: Den Bus findest du an der Hauptstraße von Ao Nang. Dort fährt der Bus in mehr oder weniger regelmäßigen Abständen vorbei und sammelt Reisende ein. Einfach die Hand raushalten und der Bus hält und nimmt dich mit.

Krabi Bus Terminal – Koh Samui Nathon Pier

Buchen: Ticket direkt am Bus Terminal oder in einem Reisebüro vor Ort kaufen.
Dauer: ca. 9 Stunden
Kosten: ca. 400–600 Baht*

Tipp: Wenn du in einem Reisebüro buchst, dann brauchst du natürlich den Shuttlebus nach Krabi Town nicht, da dieser Transfer dann inklusive ist.

5. Koh Samui – Koh Phangan

Siehe Route 4 (A) – Punkt 5

6. Koh Phangan – Bangkok

Koh Phangan (Thong Sala) – Bangkok Sai Tai Mai (Southern Bus Terminal)

Anbieter: Songserm, 999 Government Bus, Lomprayah
Buchen: Ticket in jedem Reisebüro vor Ort oder direkt am Pier kaufen.
Dauer: ca. 12–15 Stunden
Kosten: ca. 750–1300 Baht*

Achtung: Nach der Full Moon Party erhöhen sich die Preise. Dann kannst du mit einem Preisaufschlag von ca. 200–300 Baht* pro Ticket rechnen.

* Preise sind für One-Way-Tickets und variieren je nach Saison. Dies sind nur ungefähre Angaben.

Route 5

Insel-Hopping

Route Nummer 5 führt dich zum Island Hopping im Osten von Thailand. Der Golf von Thailand bietet nicht nur im Süden, sondern auch im Osten in der Nähe der kambodschanischen Grenze wahre Inselperlen.

Nach dem Besuch von unbekannten Tempeln, schwimmenden Märkten und dem bekanntesten Monument von **Bangkok**, geht es auf die Insel **Koh Samet**.

Koh Samet wird von den Einheimischen oft als Insel für Wochenendausflüge genutzt und ist sehr klein. Die Hauptattraktionen sind die schönen Strände und davon hat die Insel eine ganze Menge. Ein wenig Kultur mit dem Wat Koh Samet und der Statue von Aphai Mani darfst du hier aber auch entdecken.

Danach geht es auf die zweitgrößte Insel Thailands – **Koh Chang**. Die Insel hat traumhafte Strände, Natur und eine bunte Unterwasserwelt zu bieten. Der Nachtmarkt am White Sand Beach ist einen Besuch wert. Koh Chang ist bis jetzt nicht vom Massentourismus überlaufen und du kannst dort entspannte Rollertouren über die Insel machen.

Danach geht es weiter auf die beiden Inseln **Koh Mak** und **Koh Kood**, die im Koh Chang Archipel liegen. Auf den Inseln geht es noch eine Stufe gemütlicher zu. Großes Nachtleben suchst du hier vergebens, schöne Strände und hervorragende Schwimmmöglichkeiten dafür umso mehr. Entspanne dich und genieße die Ruhe und die Natur.

Route 5: Übersicht

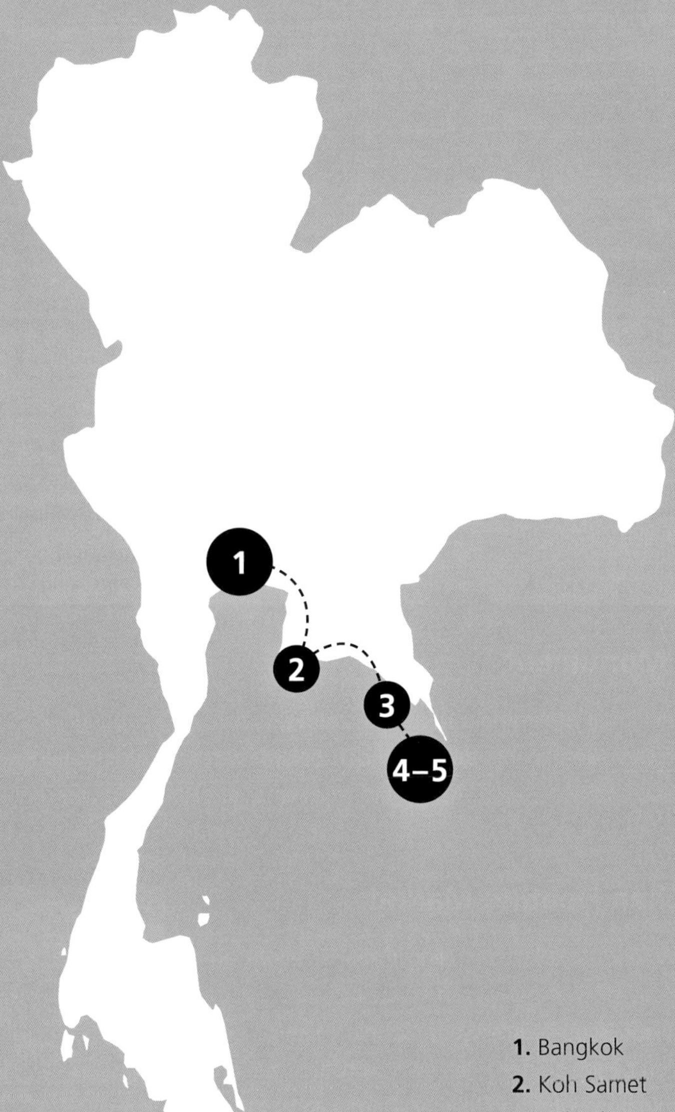

1. Bangkok
2. Koh Samet
3. Koh Chang
4. Koh Mak
5. Koh Kood

Highlights: Bangkok

Dauer: 3–4 Tage

Victory Monument

Kosten: kostenlos
Wann: rund um die Uhr

Victory Monument

Das Siegesdenkmal ist eines der berühmtesten Wahrzeichen von Bangkok. Der Kreisverkehr des Victory Monuments gehört zu den belebtesten Kreuzungen Bangkoks und es gibt viele Essensmöglichkeiten. Außerdem ist es einer der Hauptverkehrsknoten mit BTS- und Busverbindungen.

Taling Chan Floating Market

Der schwimmende Markt von Taling Chan ist etwas anders, als du es dir wahrscheinlich vorstellst. Hier bist du nicht selbst auf Booten unterwegs, sondern kannst dein Essen nur von diesen kaufen. Lass dein Frühstück aus und komme am späten Vormittag hierher. Dann kannst du ein wirklich leckeres frühes Mittagessen mit frischem Fisch und anschließend eine Tour durch die Klongs genießen.

Kosten: kostenlos (Tour durch die Klongs 100 Baht)
Wann: 8:30 – 16:00 Uhr (Samstag und Sonntag)

Highlights: Bangkok

Wat Dhammamongkol

Kosten: kostenlos
Wann: 6:00–17:00 Uhr

Wat Dhammamongkol

Diese Tempelanlage gilt noch als Geheimtipp unter Touristen in Bangkok. Der 95 Meter hohe Turm ist von vielen Teilen der Stadt zu sehen und bietet neben einer tollen Aussicht auf Bangkok viele Wandmalereien und eine schöne Buddha-Statue im obersten Stockwerk. Außerdem findest du weitere Gebäude mit z.B. einer großen schwarzen Buddha-Statue auf dem Gelände.

Weitere Highlights:

- **Wat Arun** – Wann: 7:00–17:00 Uhr, Kosten: 50 Baht
- **Wat Phra Kaeo** – Wann: 8:30–15:30 Uhr, Kosten: 500 Baht
- **Lumphini Park** – Wann: 6:00–21:00 Uhr
- **Chatuchak Markt** – Wann: 6:00–18:00 Uhr (Freitag–Sonntag)
- **Wat Saket (Golden Mount)** – Wann: 7:30–17:30 Uhr, Kosten: 50 Baht
- **Koh Kret** – Wann: rund um die Uhr, Kosten: Preise variieren je nach Anbieter

Highlights: Koh Samet

Dauer:
4–5 Tage

Haad Sai Kaew (Diamond Beach)

Der Haad Sai Kaew ist der Hauptstrand von Koh Samet. Hier findest du feinen weißen Sand und türkisblaues Meer vor. Der Haad Sai Kaew hat auch die meisten Besucher auf Koh Samet, aber dafür bietet er am Abend auch ein Nachtleben mit Strandbars und diverse sportliche Aktivitäten.

Kosten: 200 Baht Nationalparkgebühr

Wat Koh Samet

Kurz bevor du den Haad Sai Kaew erreichst, findest du den Wat Koh Samet in *Samet City*. Es ist der einzige größere Tempel der Insel. Neben den vielen Gebäuden mit Wandmalereien zur Sage von Koh Samet findest du hier eine große Buddha-Statue. Ab und zu ist auch ein Mönch vor Ort, der dir gerne alles erklärt.

Kosten: kostenlos

Highlights: Koh Samet

Statue von Aphai Mani und der Meerjungfrau

Die Geschichte von Aphai Mani ist eine thailändische Folklore und die Kinder lernen diese schon in der Schule. Auf Koh Samet findest du einige Gemälde und Statuen zu dieser Sage. Am Haad Sai Kaew findest du eine dieser Statuen vom Prinzen *Aphai Mani*, der eine magische Flöte spielen konnte. Er besiegte eine Riesin mit seiner Flöte, als Meerjungfrauen ihm bei seiner Rettung halfen. Eine interessante Märchengeschichte und beliebt bei Thais.

Wann: rund um die Uhr
Kosten: kostenlos

Weitere Highlights:

- **Koh Samet Aussichtspunkt** – Kosten: kostenlos
- **Ao Prao Beach**
- **Ao Wong Duan Beach**
- **Tour: Sunset trip around Koh Samet** – Wann: 16:00–18:30 Uhr, Kosten: 400 Baht
- **Tour: Adventure trip to 9 islands** – Wann: 10:00–17:00 Uhr, Kosten: 1500 Baht

Highlights: Koh Chang

Dauer: 7–8 Tage

White Sand Beach

Der *Haad Sai Khao* ist der belebteste und einer der schönsten Strände von Koh Chang. Er liegt am nordwestlichen Ende der Insel und dort findest du auch viele Hotels. Abends gibt es am Strand ein paar schöne Strandbars sowie Restaurants und du kannst hier prima den Sonnenuntergang bei ein paar Cocktails genießen.

Wann: rund um die Uhr
Kosten: kostenlos

Kai Bae Viewpoint

Etwa 10 Minuten südlich des Ortes *Kai Bae* findest du den Viewpoint. Es ist einer der beliebtesten an der Westküste von Koh Chang. Vom Aussichtspunkt hast du einen tollen Blick auf den Golf von Thailand und die kleine vorgelagerte Insel *Koh Man Nai*.

Wann: rund um die Uhr
Kosten: kostenlos

Highlights: Koh Chang

Wat Salak Phet

Der Tempel befindet sich am Ortseingang von *Baan Salak Phet*, dem ältesten Dorf der Insel im Südosten. *König Rama V* ließ den Tempel nach einem Besuch auf der Insel erbauen. Um die Tempelanlage windet sich eine grüne Naga-Schlange und auch der innere Bereich ist reichlich verziert. Außerdem beherbergt der Tempel ein kleines Museum.

Wann: 8:00 – 17:30 Uhr
Kosten: 20 Baht

Weitere Highlights:

- **Nachtmarkt am White Sand Beach** – Wann: täglich 17:00 – 22:00 Uhr, Kosten: kostenlos
- **Tour: 4 Island Tour** – Wann: täglich 9:00 – 17:00 Uhr, Kosten: 550 Baht + 200 Baht Nationalparkgebühren
- **Kayaking Kai Bae Hut** – Wann: täglich 8:00 – 18:00 Uhr, Kosten: 300 Baht (halber Tag)
- **Lonely Beach** – Wann: rund um die Uhr, Kosten: kostenlos
- **Wat Klong Prao** – Wann: 8:00 – 17:00 Uhr, Kosten: kostenlos

Highlights: Koh Mak

Dauer: 2–3 Tage

Ao Khao Beach

Der knapp 5 Kilometer lange Ao Khao Beach ist einer der beliebtesten Strände der Insel. Der Strand liegt im Südwesten von Koh Mak und ist bekannt für seine wunderschönen Sonnenuntergänge. Auch hast du von hier eine Aussicht auf *Koh Rayong Nok* und *Koh Rayong Nai*. Das klare Wasser und der feine Sandstrand laden auf jeden Fall zum Entspannen und Schwimmen ein.

Wann: rund um die Uhr
Kosten: kostenlos

Suan Yai Beach

Der feinsandige Suan Yai Beach liegt im Nordwesten von Koh Mak. Hier haben sich im Gegensatz zum Ao Khao Beach nur wenige Resorts auf 3 Kilometern Strandlänge angesiedelt. Da der Strand auch im Westen der Insel liegt, kannst du hier ebenfalls wunderschöne Sonnenuntergänge beobachten.

Wann: rund um die Uhr
Kosten: kostenlos

Weitere Highlights:

- **Ausflug nach Koh Kham**
- **Ausflug nach Koh Rayang**

Hinweis: Auf Koh Mak gibt es momentan keine Geldautomaten oder Banken. Du solltest also genügend Bargeld mitbringen.

Dauer: 4 Tage

Klong Chao Waterfall

Einer der schönsten Plätze, die du abseits vom Strand auf Koh Kood findest, ist der Klong Chao Wasserfall. Er trägt das ganze Jahr Wasser und teilt sich auf drei Stufen auf. Einen großen Naturpool zur Abkühlung findest du auf der untersten Stufe.

Wann: 9:00 – 17:00 Uhr
Kosten: kostenlos

Ao Yai Viewpoint

Der Aussichtspunkt liegt an der Ostküste oberhalb der Bucht des Dorfes *Ao Yai*. Der Weg dorthin ist schon ein Abenteuer – vorbei geht es am Regenwald und wilden Affen, die du teilweise am Wegesrand sehen kannst. Am Aussichtspunkt angekommen, findest du schattige Plätzchen und eine tolle Aussicht vor. Bring dir aber unbedingt etwas Wasser mit, denn hier oben gibt es keinen Shop.

Wann: tagsüber
Kosten: kostenlos

Highlights: Koh Kood

Ao Phrao Beach

Der Ao Phrao Beach befindet sich in der südlichen Bucht von Koh Kood und ist fast einen Kilometer lang. Er ist somit einer der längsten Strände der Insel und besteht aus weißem Sandstrand und türkisfarbenem Wasser. Der Strand ist sehr ruhig und es gibt nur eine Handvoll Unterkünfte direkt am Ao Phrao Beach.

Wann: rund um die Uhr
Kosten: kostenlos

Weitere Highlights:

- **Klong Yai Kee Waterfall** – Wann: tagsüber, Kosten: kostenlos
- **Bang Bao Bay** – Wann: rund um die Uhr, Kosten: kostenlos
- **Klong Chao Beach** – Wann: rund um die Uhr, Kosten: kostenlos
- **Island Hopping Tour**

A) Bus / Fähre / Flugzeug (mittleres Budget) €€

1. Bangkok – Ban Phe Pier (Fähre nach Koh Samet)

Bangkok Ekkamai (Eastern Bus Terminal) – Ban Phe Pier

Anbieter: Cherdchaitour etc.
Buchen: Ticket direkt am Ekkamai Bus Terminal kaufen.
Wann: täglich 5:00 – 19:00 Uhr
Dauer: ca. 3 – 4 Stunden
Kosten: 166 Baht*

Bangkok Khao San Road – Ban Phe Pier

Buchen: Ticket in einem Tourist Office oder Reisebüro kaufen.
Dauer: ca. 3 Stunden
Kosten: ca. 250 Baht*

2. Ban Phe Pier – Koh Samet (Nadan Pier)

Buchen: Ticket direkt am Pier kaufen.
Dauer: 30 – 40 Minuten
Kosten: 70 Baht (One-Way), 100 Baht (Round Trip)

Hinweis: Wir würden immer das Round Trip Ticket kaufen, denn zurück zum Festland musst du eines Tages wieder. Das Ticket für die Rückfahrt hat kein festes Datum, also kannst du es benutzen, wann immer du möchtest.

Achtung: Manchmal werden die Fahrgäste am *Nuan Thip Pier* rausgelassen, welches ein paar Meter weiter liegt. Dort werden nur überhöhte Ticketpreise angeboten. Gehe einfach zur Straße und halte auf der linken Seite nach dem 7-Eleven Ausschau. Dahinter findest du dann das Ban Phe Pier.

3. Koh Samet – Koh Chang

Ban Phe Pier – Laem Ngop Pier

Buchen: In jedem Reisebüro auf Koh Samet.
Dauer: 3 – 4 Stunden
Kosten: ca. 350 Baht* + 80 Baht* Fähre nach Koh Chang

Hinweis: Auf Koh Chang stehen am Pier Sammeltaxis bereit, die dich gegen ca. 100 Baht* pro Person zu deiner Unterkunft bringen.

4. Koh Chang – Koh Mak

Bang Bao Pier – Koh Mak Resort

Anbieter: Bang Bao Boats
Buchen: Ticket direkt am Pier oder in einem Reisebüro auf Koh Chang kaufen.
Abfahrt: 9:30 und 12:00 Uhr
Dauer: ca. 1 Stunde
Kosten: 600 Baht* (Speedboat)

Kai Bae Hut Pier – Koh Mak Makathanee Resort Pier

Anbieter: Kai Bae Hut
Buchen: Ticket direkt am Pier oder in einem Reisebüro auf Koh Chang kaufen.
Abfahrt: 10:00 Uhr
Dauer: ca. 1 Stunde (Speedboat)
Kosten: 600 Baht*

5. Koh Mak – Koh Kood

Koh Mak Makathanee Resort Pier – Koh Kood

Anbieter: Kai Bae Hut
Buchen: Ticket direkt am Pier oder in einem Hotel auf Koh Mak kaufen.
Abfahrt: 11:00 Uhr
Dauer: ca. 1 Stunde
Kosten: 400 Baht*

Anbieter: Koh Kood Catamaran
Buchen: Ticket in einem Hotel auf Koh Kood oder auf der Webseite des Anbieters (www.kohkoodcatamaran.com) kaufen.
Abfahrt: 11:00 Uhr
Dauer: ca. 45 Minuten
Kosten: 300 Baht*

6. Koh Kood – Bangkok

Koh Kood – Bangkok City/Bangkok Airport

Anbieter: Koh Kood Catamaran
Buchen: Ticket in einem Hotel auf Koh Kood oder auf der Webseite des Anbieters (www.kohkoodcatamaran.com) kaufen.
Abfahrt: 9:00 & 12:00 Uhr
Kosten: 900 Baht

Hinweis: Wenn du von Trat nach Bangkok fliegen möchtest, dann musst du nur bis zum *Laem Sok Pier* (ca. 500 Baht*) fahren und von dort einen Minibus zum Flughafen chartern. Der Flughafen liegt außerhalb von Trat und du kannst auch mit Koh Chang Minibus (**https://www.kohchangminibus.com/trat-airport-transfers.html**) für 800 Baht* inklusive Fährt zum Flughafen.

Trat Airport (TDX) – Bangkok Suvarnabhumi (BKK)

Airlines: Bangkok Airways
Buchen: In jedem Tourist Office, Reisebüro oder online über die Webseite der Airline.
Dauer: ca. 1 Stunde
Kosten: ab 2500 Baht*

7. Koh Kood – Trat

Koh Kood – Laem Sok Pier

Anbieter: Ko Kut Express
Buchen: Ticket in einem Hotel auf Koh Kood oder auf der Webseite des Anbieters (www.kokutexpress.in.th) kaufen.
Abfahrt: 10:00 Uhr
Kosten: 500 Baht*

Hinweis: Der Ko Kut Express bietet ein kostenloses Shuttle in die Stadt Trat an und lässt dich auch an der Busstation raus.

8. Trat – Bangkok

Trat Bus Terminal – Bangkok Ekkamai (Eastern Bus Terminal)

Anbieter: Cherdchai Tour, Suparat Tour, Transport Co. Ltd. etc.
Abfahrt: stündlich 7:00–0:00 Uhr
Buchen: Ticket direkt am Bus Terminal kaufen.
Dauer: ca. 5–6 Stunden
Kosten: ca. 250 Baht*

* Preise sind für One-Way-Tickets und variieren je nach Saison. Dies sind nur ungefähre Angaben.

Route 6

Isaan
Ursprüngliches Thailand

Route 6 führt dich nach einem Aufenthalt in Bangkok in den Nordosten. Im ursprünglichen Thailand, dem Isaan, sind die Leute sehr herzlich, aufgeschlossen und Touristen sind hier kaum anzutreffen.

Von **Bangkok** geht es nach **Nakhon Ratchasima**, auch **Korat** genannt. Hier findest du neben Tempeln und Denkmälern einen tollen Geschichtspark etwas außerhalb der Stadt.

Weiter nach **Khon Kaen**. Neben Korat ist dies das wichtigste Handelszentrum des Isaan und du kannst hier den berühmten Wat Nong Waeng und weitere Tempel besichtigen.

Udon Thani ist eine moderne Stadt und bietet neben Tempeln viele Grünflächen und Märkte an. Du kannst dich in den Parks entspannen oder der thai-chinesischen Geschichte am Nong Bua Park auf den Grund gehen.

Weiter nördlich führt die letzte Station an den Mekong nach **Nong Khai**. Ein Highlight ist sicher der Sala Kaew Ku Skulpturenpark. Auf dem Indochina Markt kannst du viele Waren günstiger als im Rest Thailands kaufen und über die Freundschaftsbrücke kommst du nach **Laos** und kannst einen Ausflug in die Hauptstadt Vientiane machen.

Route 6: Übersicht

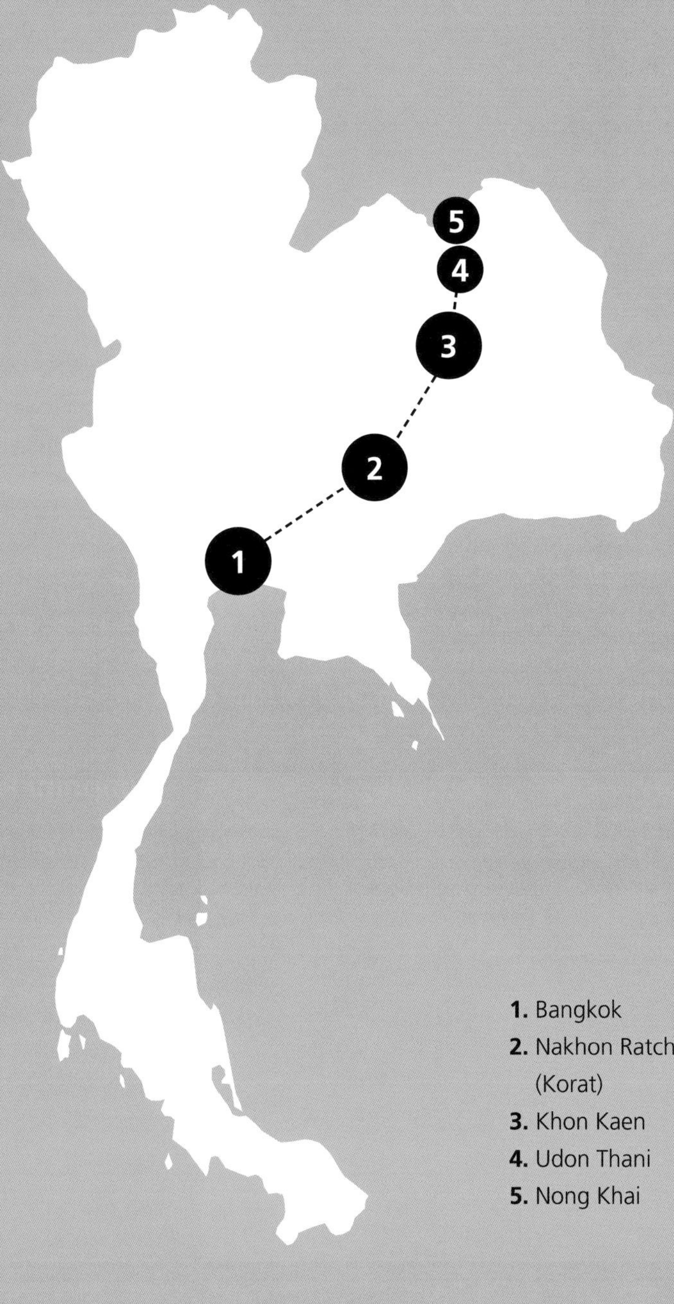

1. Bangkok
2. Nakhon Ratchasima (Korat)
3. Khon Kaen
4. Udon Thani
5. Nong Khai

Highlights: Bangkok

Dauer: 3–4 Tage

Wat Yannawa

Wann: 9:00 – 17:30 Uhr
Kosten: kostenlos

Wat Yannawa

Der Wat Yannawa liegt am Chao Phraya Fluss in Bangkok in der Nähe des *Sathorn Unique Ghost Towers*. Übersetzt bedeutet der Name so viel wie Tempel der überdauernden Schiffe. Sehr einzigartig ist die Anlage mit seinen Chedis in Form einer chinesischen Dschunke.

Lumphini Park

Der Lumphini Park ist die grüne Oase Bangkoks. Hier kannst du dir eine Auszeit gönnen, wenn du genug vom hektischen Treiben der Großstadt hast. Du kannst entweder Tretboot fahren, spazieren gehen oder am abendlichen öffentlichen Workout teilnehmen.

Wann: 6:00 – 21:00 Uhr
Kosten: kostenlos

Highlights: Bangkok

Chatuchak Markt

Der Chatuchak Markt ist mit über 10.000 Ständen einer der größten Wochenendmärkte der Welt. Hier kannst du alles kaufen, was du dir vorstellen kannst – Kleidung, Souvenirs, Elektroartikel, eine riesige Auswahl an Essen etc. Da der Markt so riesig ist, kann dort schon mal ein ganzer Tag für deinen Besuch drauf gehen.

Wann: 6:00 – 18:00 Uhr (Freitag – Sonntag)
Kosten: kein Eintritt

Weitere Highlights:

- **Wat Arun** – Wann: 7:00 – 17:00 Uhr, Kosten: 50 Baht
- **Wat Phra Kaeo** – Wann: 8:30 – 15:30 Uhr, Kosten: 500 Baht
- **Taling Chan Floating Market** – Wann: 8:30 – 16:00 Uhr
- **Khao San Road** – Wann: Tag und Nacht

Highlights: Nakhon Ratchasima

Dauer: 3–4 Tage

Prasat Hin Phimai

Wann: 7:30 – 18:00 Uhr
Kosten: 100 Baht Eintritt

Prasat Hin Phimai

Etwa 50 Kilometer nördlich von der Stadt Nakhon Ratchasima liegt der *Phimai Geschichtspark*. Die Ruinen gehörten zum Khmer-Reich und sollen im 11. Jahrhundert erbaut worden sein. Eine über 200 Kilometer lange Straße verband Phimai mit der Hauptstadt des Reiches – *Angkor*. Heute findest du hier noch viele gut erhaltene und restaurierte Gebäude, wie das zentrale Heiligtum oder das *Pratu Chai* Haupttor im Süden.

Wat Sala Loi

Der im Stil einer chinesischen Dschunke erbaute Tempel beinhaltet die Hälfte der Asche von *Thao Suranari*. Die andere Hälfte liegt bei ihrem Denkmal (siehe nächste Seite). Der am *Maenam Thakhong* Fluss liegende Tempel ist einer der interessantesten von Korat. In dem Tempel findest du außerdem eine große stehende Buddha-Statue, die du bei einem Besuch bestaunen kannst.

Wann: 7:00 – 18:00 Uhr
Kosten: kostenlos

Highlights: Nakhon Ratchasima

Denkmal von Thao Suranari

Wann: rund um die Uhr
Kosten: kostenlos

Denkmal von Thao Suranari

Als Lokalheldin in Korat verehrt, ist das Denkmal von *Thao Suranari (Khun Ying Mo)* ein Wahrzeichen der Stadt. Laut der Legende soll sie einen entscheidenden Beitrag beim Kampf gegen den Aufstand von Anouvong, dem laotischen König, geleistet haben.

Weitere Highlights:

- **Sao Lak Muang**
- **Wat Payap**
- **Maha Wirawong Museum**

Highlights: Khon Kaen

Dauer: 3–4 Tage

Wat Nong Waeng

Wann: 7:00–17:30 Uhr
Kosten: kostenlos

Wat Nong Waeng

Der Wat Nong Waeng wurde etwa zu der Zeit gebaut, als Khon Kaen 1793 gegründet wurde. Er ist eines der Wahrzeichen von Khon Kaen und gerade seine 9-stufige Stupa *Wat Phra Maha That Kaen Nakhon* lockt viele Besucher an. Von oben hast du außerdem einen fantastischen Ausblick auf die Stadt. Von Touristen eher wenig besucht, wirst du hier meistens nur Thais antreffen.

Bung Kaen Nakhon

Wann: tagsüber
Kosten: kostenlos

Bung Kaen Nakhon

Etwas südöstlich vom Zentrum der Stadt liegt der See Bung Kaen Nakhon. In dem Park kannst du dich etwas von der Großstadt erholen oder ein wenig Sport treiben. Fitnessgeräte und Spielplätze für Kinder stehen hier kostenlos zur Verfügung. Ein toller Ort, um mal etwas abzuschalten.

Highlights: Khon Kaen

City Pillar Shrine

Im Zentrum in der Nähe der *Central Plaza* Shopping Mall findest du den Stadtschrein. Wirklich schön und mit vielen Statuen versehen, ist er ein weiteres Wahrzeichen der Stadt. Ein berühmter Mönch und ehemaliger Gouverneur platzierte hier einen Stein mit einer Inschrift aus einer historischen Stätte in *Chum Phae*.

Wann: rund um die Uhr
Kosten: kostenlos

Weitere Highlights:

- **Wat Thung Setthi**
- **Wat Phrathat Kham Kaen**
- **Khon Kaen Nationalmuseum**
- **Wat Chai Si**
- **Phu Wiang Nationalpark**

Highlights: Udon Thani

Dauer: 4–5 Tage

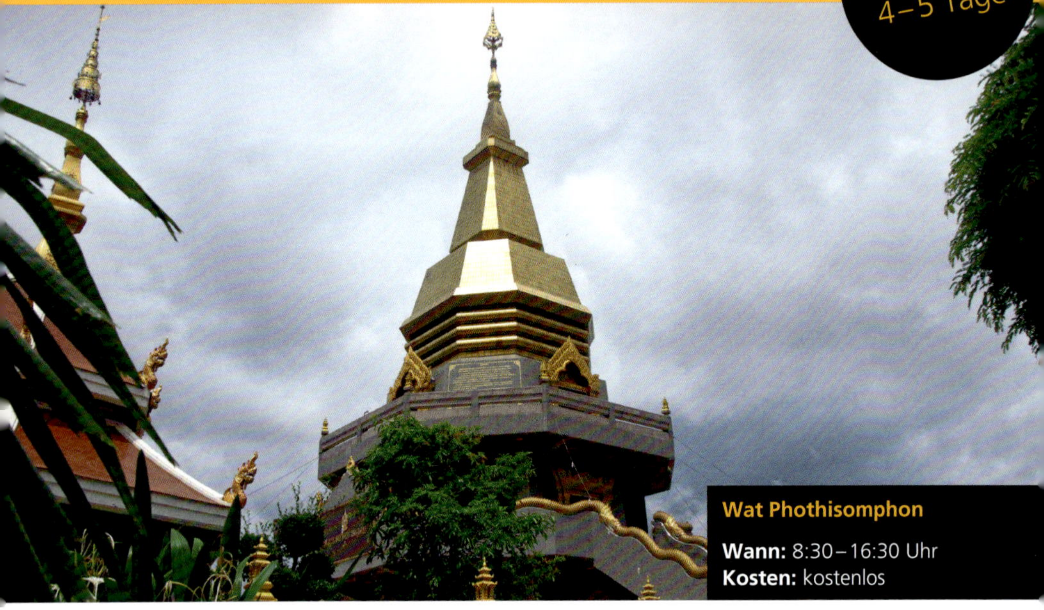

Wat Phothisomphon

Wann: 8:30–16:30 Uhr
Kosten: kostenlos

Wat Phothisomphon

Der Wat Phothisomphon war anfangs unter dem Namen *Wat Mai* bekannt und wurde in der Regierungszeit von *Rama V* gebaut. Das Gebäude mit der goldenen Spitze, was schon aus dem *Nong Prajak Park* (siehe nächste Seite) zu sehen ist, wurde jedoch erst vor einigen Jahren erbaut. Von der Spitze hast du eine tolle Aussicht auf die Tempelanlage. Im Inneren befinden sich viele Wandmalereien und Buddha-Statuen.

Udon Thani City Pillar Shrine

Der *San Lak Mueang*, wie der Stadtschrein auf Thai heißt, wird von den Einheimischen sehr verehrt. Die Statue des Gottes *Wetsuwan*, die sich auf der Anlage befindet, soll die Stadt Udon Thani beschützen. Der 1999 erbaute Schrein steht etwa in der Stadtmitte und ist ein beliebtes Fotomotiv.

Wann: 6:00–20:00 Uhr
Kosten: kostenlos

Highlights: Udon Thani

Nong Prajak Park

Der Nong Prajak Park ist eine von 3 Parkanlagen der Stadt. Hier kannst du etwas vom hektischen Treiben der Stadt abschalten, tolle Fotos vor dem Udon Thani Schriftzug machen und mal ein bisschen entspannen. Auch Essens- und Getränkestände findest du in dem sehr gepflegten Park.

Wann: rund um die Uhr
Kosten: kostenlos

Weitere Highlights:

- **Prince Prajak Monument**
- **Centerpoint Nachtmarkt**
- **Town Shoppingmall**
- **Nong Bua Park**
- **Thai-Chinese Cultural Center** – Wann: 9:00–19:00 Uhr, Kosten: kostenlos

Highlights: Nong Khai

Dauer: 4–5 Tage

Sala Kaew Ku

Wann: 7:00–18:00 Uhr
Kosten: 20 Baht

Sala Kaew Ku

Der Sala Kaew Ku Skulpturenpark, auch als *Wat Khaek* oder *Buddha Park* unter den Einheimischen bekannt, liegt etwa 3 Kilometer von Nong Khai entfernt. 1978 wurde der Park vom Künstler *Luang Pu Boun Leua Sourirat* mit vielen Helfern erbaut. Auch heute wird noch ständig an dem Park gearbeitet und daher ist er sehr gut erhalten. Mit den vielen Statuen aus dem Buddhismus und Hinduismus ist der beeindruckende Park ein Must-See in Nong Khai.

Indochina Market

Der Indochina Market, auch als *Tha Sadet Market* bekannt, ist ein überdachter Markt in Nong Khai und sehr berühmt bei den Thais. Hier findest du alle möglichen Waren aus Thailand, Laos etc. und oft sogar um einiges günstiger als zum Beispiel in Bangkok oder Chiang Mai.

Wann: 7:00–18:30 Uhr

Highlights: Nong Khai

Wat Pho Chai

Der Wat Pho Chai ist einer der wichtigsten Tempel der Stadt Nong Khai. Er beherbergt ein heiliges Bild von Buddha – das *Luangpho Phra Sai*. Auch heute ist der Tempel noch sehr aktiv und hat viele einheimische Besucher, die zum Beten und Verehren hierher kommen. Während eines Besuches kannst du auch Mönche vor Ort antreffen und mit Glück sogar eine kleine Zeremonie miterleben.

Wann: 7:00 – 17:30 Uhr
Kosten: kostenlos

Weitere Highlights:

- **Thai Lao Freundschaftsbrücke**
- **Wat Lamduan** – Wann: tagsüber, Kosten: kostenlos
- **Wat That** – Wann: rund um die Uhr, Kosten: kostenlos
- **Spaziergang am Mekongufer**
- **Ausflug nach Laos**

A) Zug / Flugzeug (mittleres Budget)

€€

1. Bangkok – Nakhon Ratchasima (Korat)

Bangkok Hua Lamphong (Bahnhof) – Korat Railway Station

Buchen: Ticket direkt am Bahnhof kaufen.
Dauer: ca. 4–5 Stunden
Kosten: 50–250 Baht* (je nach Kategorie 1. Klasse, 2. Klasse oder 3. Klasse)

Hinweis: Zurzeit werden keine Flüge von Bangkok nach Nakhon Ratchasima angeboten, da der Flughafen nicht für die zivile Luftfahrtbehörde freigegeben ist.

2. Nakhon Ratchasima (Korat) – Khon Kaen

Korat Railway Station – Khon Kaen Railway Station

Buchen: Ticket direkt am Bahnhof kaufen.
Dauer: ca. 3–4 Stunden
Kosten: ca. 50–200 Baht* (je nach Kategorie 1. Klasse, 2. Klasse oder 3. Klasse)

3. Khon Kaen – Udon Thani

Khon Kaen Railway Station – Udon Thani Railway Station

Buchen: Ticket direkt am Bahnhof kaufen.
Dauer: ca. 2 Stunden
Kosten: ca. 25–110 Baht* (je nach Kategorie 1. Klasse, 2. Klasse oder 3. Klasse)

4. Udon Thani – Nong Khai

Udon Thani Railway Station – Nong Khai Railway Station

Buchen: Ticket direkt am Bahnhof kaufen.
Dauer: ca. 1 Stunde
Kosten: ca. 11–50 Baht* (je nach Kategorie 1. Klasse, 2. Klasse oder 3. Klasse)

5. Nong Khai – Bangkok

Nong Khai Railway Station – Bangkok Hua Lamphong (Bahnhof)

Buchen: Ticket direkt am Bahnhof kaufen.
Dauer: ca. 10–11 Stunden
Kosten: 100–500 Baht* (je nach Kategorie 1. Klasse, 2. Klasse oder 3. Klasse)

5.1 Nong Khai – Udon Thani

Nong Khai Railway Station – Udon Thani Railway Station

Buchen: Ticket direkt am Bahnhof kaufen.
Dauer: ca. 1 Stunde
Kosten: ca. 11–50 Baht* (je nach Kategorie 1. Klasse, 2. Klasse oder 3. Klasse)

5.2 Udon Thani – Bangkok

Udon Thani Airport (UTH) – Don Mueang International Airport (DMK)

Airlines: Air Asia, Thai Lion Air, Nok Air etc.
Buchen: In jedem Tourist Office, Reisebüro oder online über die Webseite der Airline.
Dauer: ca. 1 Stunde
Kosten: 500–2300 Baht*

Hinweis: Zwischen dem Bahnhof in Udon Thani und dem Flughafen fallen noch zusätzlich Taxigebühren an. Diese können ca. 200 Baht* betragen.

Die genauen Preise und Abfahrtszeiten der Bahn kannst du sehr gut auf der Webseite der thailändischen Bahn einsehen: **www.railway.co.th** oder **12go.asia**

* Preise sind für One-Way-Tickets und variieren je nach Saison. Dies sind nur ungefähre Angaben.

B) Bus (geringes Budget)

1. Bangkok – Nakhon Ratchasima (Korat)

Bangkok Mo Chit (Northern Bus Terminal) – Nakhon Ratchasima Bus Terminal

Anbieter:	Transport Co. Ltd., Ratchasima Tour, Chan Tour, Nakhon Chai Air etc.
Buchen:	Ticket direkt am Bus Terminal kaufen.
Dauer:	ca. 3–4 Stunden
Kosten:	150–250 Baht* (je nach Buskategorie VIP, 1. Klasse oder 2. Klasse)

2. Nakhon Ratchasima (Korat) – Khon Kaen

Nakhon Ratchasima Bus Terminal – Khon Kaen Bus Terminal

Anbieter:	Transport Co. Ltd., Chan Tour, Nakhon Chai Air etc.
Buchen:	Ticket direkt am Bus Terminal kaufen.
Dauer:	ca. 3 Stunden
Kosten:	ca. 100–150 Baht* (je nach Buskategorie VIP, 1. Klasse oder 2. Klasse)

3. Khon Kaen – Udon Thani

Khon Kaen Bus Terminal – Udon Thani Bus Terminal

Anbieter:	Transport Co. Ltd., Nakhon Chai Air etc.
Buchen:	Ticket direkt am Bus Terminal kaufen.
Dauer:	ca. 2 Stunden
Kosten:	ca. 80–120 Baht* (je nach Buskategorie VIP, 1. Klasse oder 2. Klasse)

4. Udon Thani – Nong Khai

Udon Thani Bus Terminal – Nong Khai Bus Terminal

Anbieter:	Transport Co. Ltd., Cherdchai Tour, Nakhon Chai Air etc.
Buchen:	Ticket direkt am Bus Terminal kaufen.
Dauer:	ca. 1 Stunde
Kosten:	ca. 40–60 Baht* (je nach Buskategorie VIP, 1. Klasse oder 2. Klasse)

5. Nong Khai – Bangkok

Nong Khai Bus Terminal – Bangkok Mo Chit (Northern Bus Terminal)

Anbieter:	Transport Co. Ltd., Chan Tour, Cherdchai Tour, Nakhon Chai Air etc.
Buchen:	Ticket direkt am Bus Terminal kaufen.
Dauer:	ca. 10 Stunden
Kosten:	500–800 Baht* (je nach Buskategorie VIP, 1. Klasse oder 2. Klasse)

Hinweis: In den Städten Nakhon Ratchasima und Khon Kaen gibt es auch neuere Bus Terminals, die etwas außerhalb der Stadt liegen. Von dort fahren jedoch auch immer Tuk Tuks und Sammeltaxis in das Stadtzentrum. Außerdem hat das Transportunternehmen Nakhon Chai Air (das für uns persönlich beste Busunternehmen) öfters eigene Busstationen. Dort gibt es aber auch immer Tuk Tuks etc., um in das Stadtzentrum zu kommen.

* Preise sind für One-Way-Tickets und variieren je nach Saison. Dies sind nur ungefähre Angaben.

Aussicht auf Nong Khai

Route 7

Andamanensee

Die 7. Route führt dich nach einem kurzen Aufenthalt in **Bangkok** mit Besuchen des Wat Saket, dem berühmten Erawan Schrein oder der wenig besuchten Skybar im Sofitel So Bangkok in den Westen Thailands.

Kanchanaburi ist ein geschichtsträchtiger Ort und die Brücke am River Kwai nicht nur durch den Hollywood-Film eine Attraktion. Ein weiteres Highlight ist ein Ausflug zum Erawan Nationalpark. Der 7-stufige Wasserfall und die Naturpools laden zum Schwimmen ein.

Weiter südlich geht es nach **Khao Lak**, der Ort der 2004 mit am schwersten vom Tsunami getroffen wurde. Heutzutage wurde er wieder aufgebaut und überzeugt mit seinen Stränden und der Nähe zu den Similan Islands.

Das nächste Ziel ist Thailands größte Insel – **Phuket**. Neben der schönen Altstadt von Phuket Town, dem Big Buddha und dem Naka Wochenendmarkt gibt es hier viele weitere Orte zu entdecken.

In **Krabi Town** kannst du den Tiger Cave Tempel besuchen und die 1237 Stufen erklimmen, um die Aussicht über die Landschaft zu genießen. In **Ao Nang** ist Strandurlaub angesagt. Besonders die Inseln Koh Poda, Hong Island etc. sind einen Besuch wert.

Route 7: Übersicht

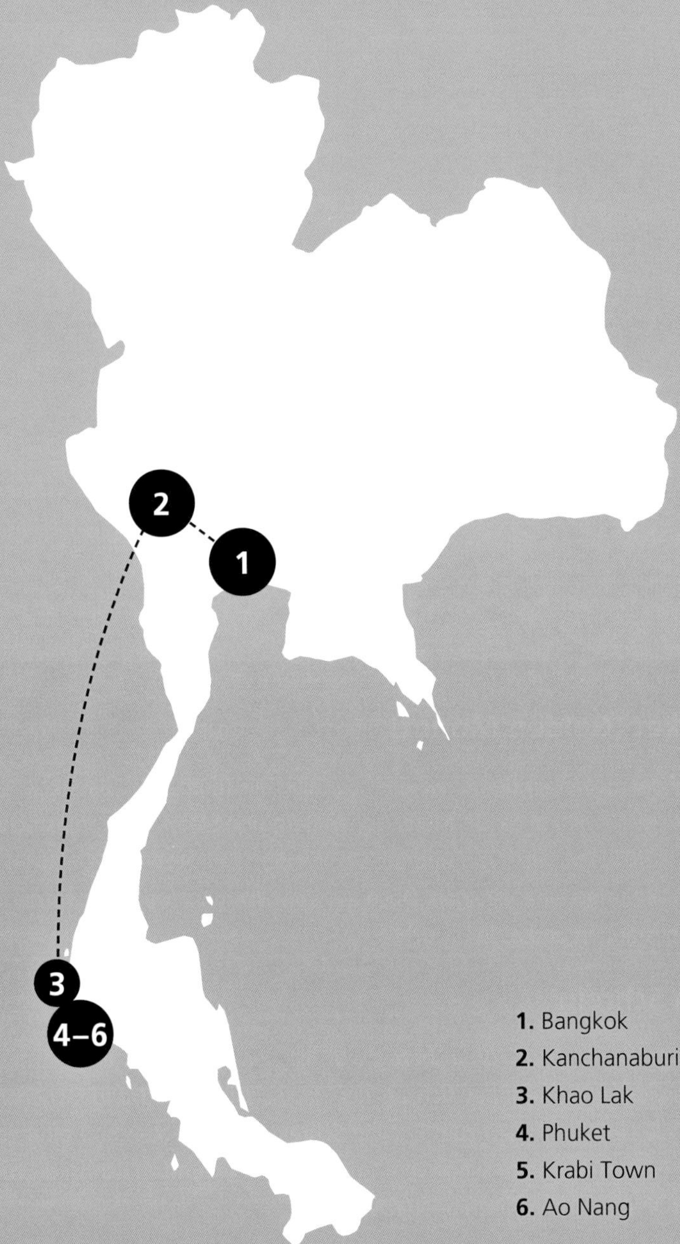

1. Bangkok
2. Kanchanaburi
3. Khao Lak
4. Phuket
5. Krabi Town
6. Ao Nang

Highlights: Bangkok

Dauer: 3–4 Tage

Wat Saket (Golden Mount)

Wann: 7:30–17:30 Uhr
Kosten: 50 Baht
Achtung: Es müssen die Knie und Schultern bedeckt sein.

Wat Saket (Golden Mount)

Der *Tempel des Goldenen Berges* ist einer der ältesten Tempel von Bangkok. Sein goldener Chedi liegt auf einem ca. 79 Meter hohen Berg und bietet eine fantastische Aussicht auf Bangkok inklusive *Wat Arun* und der Skyline der Stadt. Um zum Chedi zu gelangen, musst du 318 Stufen hinaufsteigen. Doch auf dem Weg gibt es in der verzierten Anlage einiges zu bestaunen und es lohnt sich.

Erawan Schrein

Auf Thai oft als *San Phra Phrom* bezeichnet, ist der Schrein dem hinduistischen Gott Brahma gewidmet. Er befindet sich an der *Ratchadamri Road* und ist jeden Tag gut besucht. Viele Leute kommen zum Erawan Schrein, um zu beten und erbitten Gesundheit, Liebe, Geld und weitere Dinge vom Gott Brahma. Ab und zu kannst du vor Ort auch traditionelle thailändische Tänze beobachten.

Kosten: kostenlos

Highlights: Bangkok

Sofitel Park Society – Hi So Bar

Wann: 17:00 – 2:00 Uhr
Kosten: kostenlos

Sofitel Park Society – Hi So Bar

Das Hotel Sofitel So Bangkok liegt am *Lumphini Park*, der grünen Oase der Stadt. Die Skybar Park Society – Hi So Bar ist oft nicht so stark besucht und du kannst hier einfach ein ruhiges Plätzchen finden. Bestelle dir einen Drink und genieße die Aussicht auf Bangkoks Skyline und den Lumphini Park. Absolut empfehlenswert, wenn du Bangkok von oben sehen möchtest.

Weitere Highlights:

- **Wat Phra Kaeo** – Wann: 8:30 – 15:30 Uhr, Kosten: 500 Baht
- **Chatuchak Markt** – Wann: 6:00 – 18:00 Uhr (Freitag – Sonntag)
- **Wat Arun** – Wann: 7:00 – 17:00 Uhr, Kosten: 50 Baht
- **Wat Pho** – Wann: 8:30 – 18:30 Uhr, Kosten: 200 Baht
- **Baiyoke Sky Tower** – Wann: 10:00 – 23:00 Uhr, Kosten: 400 Baht

Highlights: Kanchanaburi

Dauer: 3–4 Tage

River Kwai Brücke

Heute eine Touristenattraktion und das Ziel der meisten Besucher in Kanchanaburi, hat die Brücke über dem Fluss Kwai eigentlich eine traurige Geschichte. Die Brücke wurde während der japanischen Besetzung im zweiten Weltkrieg von Kriegsgefangenen erbaut, wobei viele ihr Leben verloren haben. Dies hat der Bahnstecke auch den Namen Todeseisenbahn (Death Railway) eingebracht. Hollywood hat mit dem Film "Die Brücke am Kwai" diese Geschichte verfilmt.

Wann: rund um die Uhr
Kosten: kostenlos

Don Rak – Friedhof des 2. Weltkriegs

Auf diesem Friedhof liegen viele verstorbene Kriegsgefangene, die während des zweiten Weltkriegs am Bau der Todeseisenbahn beteiligt waren. Wenn du dich für Geschichte interessierst, dann ist der Don Rak sicher einen Besuch wert.

Kosten: kostenlos

Highlights: Kanchanaburi

Erawan Nationalpark

Der berühmte 7-stufige Wasserfall im Erawan Nationalpark liegt gerade einmal 1 ½ Stunden von Kanchanaburi entfernt. Bei einem Tagesausflug solltest du deine Badesachen nicht vergessen, damit du nach dem Aufstieg zur höchsten Stufe des Wasserfalls eine erfrischende Abkühlung in den Naturpools nehmen kannst.

Wann: 8:00 – 17:00 Uhr
Kosten: 400 Baht Eintritt

Weitere Highlights:

- **Thai Burmese Railway Center** – Wann: 9:00 – 17:00 Uhr, Kosten: 100 Baht Eintritt
- **River Kwai Bridge Festival** – Wann: jedes Jahr Ende November/Anfang Dezember
- **Chinesischer Tempel am River Kwai** – Wann: tagsüber, Kosten: kostenlos
- **Nachtmarkt** – Wann: jeden Abend in der Nähe des Don Rak Friedhofes

Dauer: 3–4 Tage

Coconut Beach

Der malerische Coconut Beach ist mit Sicherheit einer der schönsten Strände der Region Khao Lak. Er liegt etwas nördlich der Touristenorte *Bang La On* und *Bang Niang* am *Pakarang Cape*. Vor Ort gibt es ein paar Hotels und Restaurants am Strand, die auch Liegen vermieten. Die Palmen am Strand spenden ein wenig Schatten und das türkise Wasser lädt zum Schwimmen ein.

Tsunami Gedenkstätten

Khao Lak wurde so schwer wie fast kein anderer Ort in Thailand vom Tsunami 2004 getroffen. Aufgrund dessen findest du etwa 20 Kilometer nördlich von Khao Lak in *Ban Nam Khem* eine Tsunami Gedenkstätte und auch in *Bang Niang*, einem Ortsteil von Khao Lak. Hier liegt auch das Polizeiboot 813, das während des Tsunamis angespült wurde.

Highlights: Khao Lak

Ausflug zu den Similan Islands

Die Similan Inseln liegen ca. 70 Kilometer von der thailändischen Küste entfernt im indischen Ozean. Die Fahrt von Khao Lak dauert mit dem Speedboot ca. 1 Stunde. Vor Ort gibt es traumhafte Strände, bunte Unterwasserwelten und auf Insel Nummer 8 findest du mit dem *Sail Rock* einen fantastischen Aussichtspunkt auf das türkisfarbene Meer und den weißen Sandstrand.

Wann: ca. 8:00–17:00 Uhr
Kosten: 2000–3500 Baht (je nach Saison für eine Tour)

Weitere Highlights:

- **Lam Ru Nationalpark** – Wann: 8:30–16:30 Uhr, Kosten: 200 Baht
- **Surin Island** – Wann: ca. 8:00–17:00 Uhr, Kosten: 2500–3500 Baht (je nach Saison für eine Tour)
- **Khao Sok Nationalpark** – Wann: rund um die Uhr, Kosten: 300 Baht
- **Koh Kho Khao** – Wann: tagsüber, Kosten: 20 Baht pro Person (Longtailboot)
- **Nang Thong Beach**
- **Bang Niang Markt** – Wann: 17:00–22:00 Uhr (Montag, Mittwoch, Samstag)

Highlights: Phuket

Dauer: 8–9 Tage

Big Buddha

Der große 45 Meter hohe Buddha ist eines der Wahrzeichen von Phuket und von vielen Bereichen der Insel zu sehen. Oft ist hier ein Mönch anwesend, der Besucher segnet. Die Tempelanlage ist schön gestaltet und auch der Ausblick auf die Bucht von *Chalong* und Umgebung sind nicht zu verachten.

Wann: 8:30 – 19:30 Uhr
Kosten: kostenlos

Promthep Cape

Das Promthep Cape ist die südlichste Spitze von Phuket. Es ist ein sehr beliebter Touristenspot und gerade zum Sonnenuntergang kann es hier sehr voll werden. Vor Ort findest du außerdem einen Schrein mit Elefantenstatuen, einen Leuchtturm und ein kleines Museum. Die Aussicht auf die vorgelagerte Insel *Koh Mun* ist wirklich traumhaft und ein Foto wert.

Wann: rund um die Uhr
Kosten: kostenlos

Highlights: Phuket

Phuket Old Town

Die bunten Häuser der Altstadt von Phuket Town sind unbedingt einen Besuch wert. Hier kannst du durch die Straßen schlendern, dich in den Cafés niederlassen und nebenbei noch chinesische Tempel oder den *Sirikit Park* (zu Ehren der Königin) entdecken.

Wann: rund um die Uhr

Weitere Highlights:

- **Koh Yao Yai** – Wann: tagsüber, Kosten: 250–300 Baht für die Fähre
- **Wat Chalong** – Wann: tagsüber, Kosten: kostenlos
- **Naka Weekend Market** – Wann: 16:00–23:00 Uhr (Samstag und Sonntag)
- **Wat Khao Rang** – Wann: tagsüber, Kosten: kostenlos
- **Karon Viewpoint** – Wann: rund um die Uhr, Kosten: kostenlos
- **Phuket Trickeye Museum** – Wann: 10:00–19:00 Uhr, Kosten: 500 Baht Eintritt

Highlights: Krabi Town

Dauer: 2–3 Tage

Wat Tham Sua – Tiger Cave Tempel

Wann: rund um die Uhr
Kosten: kostenlos

Wat Tham Sua – Tiger Cave Tempel

Der Tiger Cave Tempel liegt etwas außerhalb von Krabi Town und ist eines der Wahrzeichen der Stadt. Die Tempelanlage ist schon beeindruckend, aber das Highlight ist der Tempel auf dem Gipfel des Berges. Um diesen zu besuchen, musst du 1237 Stufen überwinden. Das erfordert jede Menge Schweiß und Kondition, aber es lohnt sich absolut. Der Ausblick auf Krabi und die Umgebung ist traumhaft und definitiv eines der Must-Sees in der Region Krabi.

Khao Kanab Nam

Die zwei 60 Meter hohen Felsen sind von der Uferpromenade des Krabi Rivers zu sehen und gerade beim Sonnenuntergang ist dies ein sehr beliebtes Panorama. Die große Krabbenstatue ist dazu ein sehr beliebtes Fotomotiv, das du dir bei einem Aufenthalt in Krabi Town nicht entgehen lassen solltest.

Wann: rund um die Uhr
Kosten: kostenlos

Highlights: Krabi Town

Wat Kaewkorawaram

Der Tempel steht im Zentrum von Krabi Town und ist gerade einmal ein paar Jahre alt. Wenn du die Stadt zu Fuß oder mit dem Roller erkundest, solltest du hier auf jeden Fall vorbeischauen. Er ist wirklich schön gestaltet und auch die inneren Wände sind kunstvoll verziert.

Kosten: kostenlos
Wann: tagsüber

Weitere Highlights:

- **Fahrt mit dem Longtailboot durch die Mangroven** – Wann: tagsüber, Kosten: ca. 200 Baht
- **Nachtmarkt an der Beach Road** – Wann: 20:00–0:00 Uhr

Ansonsten sind die weiteren Highlights die Umgebung von Krabi Town mit **Ao Nang, Railey Beach, Koh Poda** etc. Siehe hierfür die nächsten Punkte auf der Route.

Highlights: Ao Nang

Dauer: 7 Tage

Koh Poda

Die Überfahrt mit dem Longtailboot dauert ca. 25 Minuten und Tickets gibt es an den Kassenhäuschen am Strand von Ao Nang zu kaufen. Die Insel ist ein kleines Paradies: türkisfarbenes Wasser, weißer Sandstrand und bunte Fische, die im Wasser schwimmen. Sehr empfehlenswert für einen Tagesausflug.

Wann: 8:00 – 16:00 Uhr
Kosten: 300 Baht (Hin- und Rückfahrt) + 100 Baht Eintritt ins Naturschutzgebiet, in dem die Insel liegt

Hong Island

Hong Island, oder oft auch als *Koh Hong* bezeichnet, liegt ca. 1 Stunde mit dem Longtailboot entfernt von Ao Nang im *Than Bok Khorani* Nationalpark. Viele Tagesauflüge von Phuket, Phang Nga oder Ao Nang führen auf die wunderschöne Insel. Dort findest du einen weißen Sandstrand und kristallklares Wasser. Schnorcheln bietet sich bei den bunten Fischen im Wasser von Hong Island auch sehr gut an.

Kosten: 2500 Baht (Hin- und Rückfahrt, nur privates Longtailboot verfügbar) + 200 Baht Nationalparkgebühren
Wann: 8:00 – 16:00 Uhr

Highlights: Ao Nang

Railey Beach

Kosten: 200 Baht (Hin- und Rückfahrt)
Wann: 8:00 – 18:00 Uhr

Railey Beach

Ein paar Kilometer von Ao Nang entfernt liegt Railey Beach, der von spektakulären Kalksteinfelsen umrandet in einer Bucht liegt. Die Anfahrt ist nur mit dem Boot möglich und Railey ist gerade bei Backpackern ein sehr beliebtes Ziel und zählt zu den schönsten Stränden der Region Krabi. Bei Ebbe ist es sogar möglich durch das flache Wasser zum *Tonsai Beach* zu wandern.

Weitere Highlights:

- **Phra Nang Cave Beach**
- **Ao Nang Beach**
- **Chicken Island und Tub Island**
- **Tonsai Beach**
- **Rollertour nach Klong Muang**
- **Nachtmarkt (Walking Street)** – Wann: Freitag- und Samstagabend, Wo: Soi 11/1 (ca. 2 Kilometer von der Strandpromenade entfernt)

A) Flugzeug/Zug/Bus (mittleres bis hohes Budget) €€€

1. Bangkok – Kanchanaburi

Bangkok Sai Tai Mai (Southern Bus Terminal) – Kanchanaburi Bus Terminal

Buchen: Ticket direkt am Bus Terminal kaufen.
Dauer: ca. 3 Stunden
Kosten: 150–200 Baht* (je nach Buskategorie VIP, 1. Klasse oder 2. Klasse)

Thonburi Railway Station (Bangkok Noi) – Kanchanaburi Railway Station

Buchen: Ticket direkt am Bahnhof kaufen.
Dauer: ca. 3 Stunden
Kosten: ca. 100 Baht* (nur Sitze in der 3. Klasse verfügbar)

2. Kanchanaburi – Bangkok

Kanchanaburi Bus Terminal – Bangkok Sai Tai Mai (Southern Bus Terminal)

Buchen: Ticket direkt am Bus Terminal kaufen.
Dauer: ca. 3 Stunden
Kosten: 150–200 Baht* (je nach Buskategorie VIP, 1. Klasse oder 2. Klasse)

Kanchanaburi Railway Station – Thonburi Railway Station (Bangkok Noi)

Buchen: Ticket direkt am Bahnhof kaufen.
Dauer: ca. 3 Stunden
Kosten: ca. 100 Baht* (nur Sitze in der 3. Klasse verfügbar)

Hinweis: Es fahren auch Minivans vom Mo Chit Bus Terminal nach Kanchanaburi und umgekehrt. Tickets werden einfach in Bangkok am Bus Terminal oder in Kanchanaburi im Hotel gekauft und kosten zwischen 150 und 200 Baht. Die Fahrtdauer für diese Strecke beträgt 2–3 Stunden.

3. Bangkok – Khao Lak

Don Mueang International Airport (DMK) – Phuket International Airport (HKT)

Anbieter: Air Asia, Nok Air, Thai Lion Air etc.
Buchen: In jedem Tourist Office, Reisebüro oder über die Webseite der Airline.
Dauer: 1 Stunde 30 Minuten
Kosten: 800–2500 Baht*

Suvarnabhumi International Airport (BKK) – Phuket International Airport (HKT)

Anbieter: Bangkok Airways und Thai Airways
Buchen: In jedem Tourist Office, Reisebüro oder über die Webseite der Airline.
Dauer: 1 Stunde 30 Minuten
Kosten: 2000–3500 Baht*

Phuket International Airport (HKT) – Khao Lak

Anbieter: Airport Limousine
Dauer: ca. 2 Stunden
Kosten: 1500–2000 Baht*

Phuket International Airport (HKT) – Khao Lak

Anbieter: Taxi
Dauer: ca. 2 Stunden
Kosten: 1500–1800 Baht* (je nach Verhandlungsgeschick)

Hinweis: Du kannst auch einen Minivan für ca. 80 Baht vom Flughafen nach Phuket Town nehmen und dort in einen Bus nach Khao Lak für weitere 70–100 Baht umsteigen.

Hinweis 2: Wenn du ein Hotel in Khao Lak gebucht hast, dann empfiehlt es sich das Hotel nach einem Shuttle-Service zu fragen. Oft bieten die Hotels in Khao Lak einen Abholservice vom Flughafen auf Phuket an.

3.1 Bangkok – Surat Thani – Khao Lak

Bangkok Hua Lamphong (Bahnhof) – Surat Thani (Bahnhof)

Buchen: In jedem Tourist Office, Reisebüro oder direkt am Bahnhof in Bangkok.
Dauer: ca. 12 Stunden
Kosten: ca. 700–900 Baht*

Surat Thani (Bahnhof) – Khao Lak

Buchen: Ticket im Coffee Shop rechts neben dem Bahnhof kaufen.
Bus: No. 465
Dauer: ca. 3 Stunden
Kosten: ca. 80–130 Baht*

4. Khao Lak – Phuket

Khao Lak Bus Station – Phuket Town Bus Terminal

Buchen: Ticket direkt an der Bus Station kaufen.
Dauer: ca. 3 Stunden
Kosten: 70–100 Baht*

5. Phuket – Krabi

Phuket Town Bus Terminal – Krabi Town Bus Terminal

Buchen: Ticket direkt am Bus Terminal kaufen.
Dauer: ca. 4 Stunden
Kosten: 150–200 Baht*

6. Krabi – Ao Nang

Anbieter: Shuttlebus
Buchen: Ticket direkt im Bus kaufen.
Dauer: 30–45 Minuten
Kosten: ca. 80 Baht*

Hinweis: Dies ist derselbe Shuttlebus, der auch vom Flughafen nach Ao Nang fährt. Er fährt tagsüber durch Krabi und wenn du mitfahren willst, dann halte am besten einfach deine Hand raus, wenn der weiße Bus vorbei fährt.

7. Ao Nang – Bangkok

Ao Nang – Krabi International Airport (KBV)

Anbieter: Shuttlebus
Buchen: Ticket direkt im Bus kaufen.
Dauer: 1–1 ½ Stunden
Kosten: 150 Baht*

Krabi International Airport (KBV) – Suvarnabhumi International Airport (BKK)

Airlines: Bangkok Airways und Thai Airways
Buchen: In jedem Tourist Office, Reisebüro oder online über die Webseite der Airline.
Dauer: ca. 1 Stunde und 15 Minuten
Kosten: 1500–2000 Baht*

Transport

Krabi International Airport (KBV) – Don Mueang International Airport (DMK)

Airlines: Air Asia, Nok Air etc.
Buchen: In jedem Tourist Office, Reisebüro oder online über die Webseite der Airline.
Dauer: ca. 1 Stunde und 15 Minuten
Kosten: ca. 800–1500 Baht*

Flugzeug von AirAsia am Don Mueang Airport

7.1 Ao Nang – Krabi – Surat Thani – Bangkok

Ao Nang – Krabi Bus Terminal

Anbieter: Sammeltaxi
Dauer: ca. 1 Stunde
Kosten: 60–80 Baht*

Krabi Bus Terminal – Surat Thani (Bahnhof)

Buchen: Ticket direkt am Bus Terminal kaufen.
Dauer: 3 Stunden
Kosten: ca. 250 Baht*

Surat Thani (Bahnhof) – Bangkok Hua Lamphong (Bahnhof)

Buchen: Ticket in einem Tourist Office, Reisebüro oder direkt am Bahnhof kaufen.
Dauer: ca. 12 Stunden
Kosten: ca. 700–900 Baht*

* Preise sind für One-Way-Tickets und variieren je nach Saison. Dies sind nur ungefähre Angaben.

B) Bus (geringes Budget)

1. Bangkok – Kanchanaburi

Siehe Route 7 (A) – Punkt 1

2. Kanchanaburi – Bangkok

Siehe Route 7 (A) – Punkt 2

3. Bangkok – Khao Lak

Bangkok Sai Tai Mai (Southern Bus Terminal) – Khao Lak

Anbieter: 999 Government Bus, Phuket Central Tour etc.
Buchen: Ticket direkt am Bus Terminal oder einem Tourist Office kaufen.
Dauer: 11–13 Stunden
Kosten: 500–900 Baht*

4. Khao Lak – Phuket

Siehe Route 7 (A) – Punkt 4

5. Phuket – Krabi

Siehe Route 7 (A) – Punkt 5

6. Krabi – Ao Nang

Siehe Route 7 (A) – Punkt 6

7. Ao Nang – Bangkok

Ao Nang – Krabi Bus Terminal

Anbieter: Sammeltaxi
Dauer: ca. 1 Stunde
Kosten: 60–80 Baht*

Krabi Bus Terminal – Bangkok Sai Tai Mai (Southern Bus Terminal)

Anbieter: Sombat Tours etc.
Buchen: Ticket direkt am Bus Terminal oder in einem Tourist Office kaufen.
Dauer: ca. 12 Stunden
Kosten: 500–950 Baht* (je nach Buskategorie VIP, 1. Klasse oder 2. Klasse)

* Preise sind für One-Way-Tickets und variieren je nach Saison. Dies sind nur ungefähre Angaben.

Bus in Krabi

Route 8

Ruhiger Strandurlaub im Süden

Route 8 ist die perfekte Route für dich, wenn du es etwas ruhiger magst. In **Bangkok** geht es nach Besuchen des Wat Traimits und dem Talad Rod Fai Hipster-Markt zum Tagesausklang auf die Octave Skybar.

Weiter geht es nach **Cha Am**. Ein beliebtes Wochenendziel der Großstädter aus Bangkok am Golf von Thailand. Genieße das Meer am Cha Am Beach oder mache einen Ausflug in die Umgebung. Der Puek Tian Beach ist ein ebenso beliebtes Ziel wie der Khao Nang Phanthurat Forest Park.

Die nächste Station ist **Hua Hin**. Das älteste Seebad Thailands liegt ebenfalls am Golf von Thailand, nur ein kleines Stück weiter südlich. Entspanne am Hua Hin Beach, schlendere über den Nachtmarkt oder entdecke den Khao Takiab Tempel, der das Zuhause vieler Affen ist.

Koh Phayam liegt in der Andamanensee auf der anderen Seite Thailands in der Provinz Ranong. Die ruhige Insel liegt abseits des Massentourismus und wartet mit schönen Stränden, traumhaften Sonnenuntergängen und tollen Viewpoints auf dich.

Zuletzt geht es nach **Koh Mook** bei Trang. Schwimme in die Emerald Cave, relaxe an Traumstränden oder mache Island Hopping Touren zu den umliegenden Inseln. Ein herrlicher Abschluss mit Paradiesfeeling.

Route 8: Übersicht

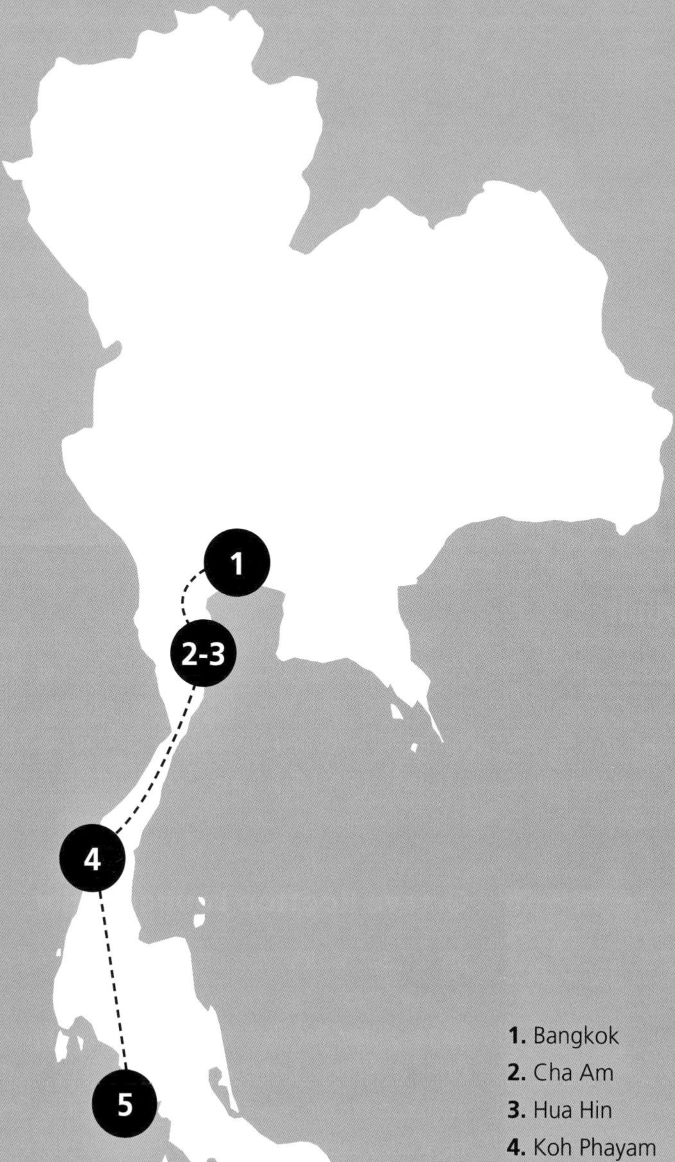

1. Bangkok
2. Cha Am
3. Hua Hin
4. Koh Phayam
5. Koh Mook

Dauer: 3–4 Tage

Wat Traimit

Kosten: 40 Baht + 100 Baht für das Museum
Wann: 8.00–17.00 Uhr

Wat Traimit

Der *Wat Traimit Withayaram Worawihan* trägt auch den Namen Tempel des goldenen Buddhas. Auf den ersten beiden Stockwerken befindet sich ein Museum und im dritten Stockwerk gibt es den berühmten goldenen Buddha *(Phra Phuttha Maha Suwan Patimakon)* zu besichtigen. Die Statue ist knapp 3 Meter hoch und hat einen Wert von 30 Millionen Dollar.

Octave Rooftop Lounge & Bar

Im 45. Stock des Marriott Hotels in *Thong Lo* liegt die Octave Skybar. Hier kannst du am Abend den Sonnenuntergang über Bangkok mit Blick auf die Skyline bei einem Drink genießen. Der Dresscode ist locker, so dass du hier auch mit kurzer Hose kommen darfst. Die Getränke sind nicht allzu teuer und für etwa 250 Baht gibt es hier leckere Cocktails.

Kosten: kostenlos
Wann: 17.00–2.00 Uhr

Highlights: Bangkok

Talad Rod Fai

Kosten: kostenlos
Wann:17.00–0.00 Uhr, Donnerstag–Sonntag

Talad Rod Fai

Der Talad Rod Fai Ratchada ist einer der beliebtesten Nachtmärkte Bangkoks. Er liegt an der MRT Station *Thailand Cultural Centre* und ist im Vintage-Stil aufgezogen. Vor Ort findest du viele Stände, die Essen und Snacks verkaufen, Bars im Retro-Design und diverse Stände, die Kleidung verkaufen. Besonders die vielen Essensstände und Bars sind sehr beliebt und unbedingt einen Besuch wert.

Weitere Highlights:

- **Wat Phra Kaeo** – Wann: 8.30–15.30 Uhr, Kosten: 500 Baht
- **Erawan Schrein** – Wann: rund um die Uhr, Kosten: kostenlos
- **Lumphini Park** – Wann: 6.00–21.00 Uhr, Kosten: kostenlos
- **Chatuchak Markt** – Wann: 6.00–18.00 Uhr (Freitag–Sonntag)
- **Wat Saket** – Wann: 7.30–17.30 Uhr, Kosten: 50 Baht

Highlights: Cha Am

Dauer:
3–4 Tage

Cha Am Beach

Der Cha Am ist ein sehr beliebtes Ausflugsziel bei Thais am Wochenende. Extra dafür werden viele Liegen und Verkaufsstände aufgebaut und am Strand ist ordentlich was los. In der Woche ist der Strand jedoch sehr ruhig und du findest nur vereinzelnd Liegen. Das komplette Gegenteil also zum Wochenende. Ein sehr ruhiger und schöner Strandabschnitt ist der südliche Teil.

Kosten: kostenlos
Wann: rund um die Uhr

Santorini Park

Etwa 15 Minuten von Cha Am entfernt liegt der Santorini Park. Der Park ist im Stil von *Santorini* in Griechenland erbaut wurden. Ein kleiner Ausflug nach Griechenland inmitten Thailands. Im Park findest du viele Läden zum Shoppen, einige Restaurants, 3D-Kinos, ein Riesenrad, ein Museum mit 3D-Bildern und vieles mehr. Eine gelungene Abwechslung.

Kosten: 150 Baht Eintritt
Wann: 10.00–19.00 Uhr

Highlights: Cha Am

Khao Nang Phanthurat Forest Park

In der Nähe von Cha Am befindet sich der Khao Nang Phanthurat Forest Park, einer der unzähligen Nationalparks von Thailand. Im Park selbst kannst du einen der vielen Wanderwege wählen und Höhlen sowie Aussichtsplattformen auf den Bergen erkunden. Festes Schuhwerk wird empfohlen. Du solltest auch genügend Wasser und vielleicht einen Snack mitbringen, da es vor Ort keine Verkaufsstände gibt.

Kosten: kostenlos
Wann: 9.00–16.00 Uhr

Weitere Highlights:

- **Wat Tanot Luang** – Wann: tagsüber, Kosten: kostenlos
- **Saphan Hin** – Wann: rund um die Uhr, Kosten: kostenlos
- **Puek Tian Beach** – Wann: tagsüber, Kosten: kostenlos
- **Wat Nerancharabecause** – Wann: tagsüber, Kosten: kostenlos
- **Statue des Königs Naresuan** – Wann: rund um die Uhr, Kosten: kostenlos

Highlights: Hua Hin

Dauer: 4–5 Tage

Wat Khao Takiab

Am Hua Hin Beach im Ortsteil Khao Takiab findest du den *Chopstick Hill*, auch als *Monkey Mountain* bekannt. Dort auf dem Hügel steht der Wat Khao Takiab, den du über 100 Stufen vorbei an vielen Affen erklimmen kannst. Von hier hast du außerdem eine schöne Aussicht über die Skyline der Stadt und den Strand.

Kosten: kostenlos
Wann: tagsüber

Hua Hin Nachtmarkt

Ein Highlight ist der Nachtmarkt von Hua Hin. Jeden Abend werden im Zentrum von Hua Hin entlang der Soi 72 unzählige Verkaufs- und Essensstände aufgebaut. Zu Kaufen gibt es hier jede Menge – von Kleidung, Flip-Flops, Uhren, DVDs bis hin zu Souvenirs findest du eine riesige Auswahl. Nach dem Bummel über den Markt kannst du dich in einem der vielen Restaurants mit Seafood verköstigen lassen oder ein Bier in einer der angrenzenden Bars genießen.

Kosten: kostenlos
Wann: täglich 17.00–0.00 Uhr

Highlights: Hua Hin

Hua Hin Railway Station

Der Bahnhof von Hua Hin gilt als einer der schönsten von Thailand. Sein besonderes Merkmal ist der königliche Pavillon, auch als königlicher Warteraum bezeichnet. Er wurde 1920 im thailändischen Baustil errichtet und ist an der südlichen Strecke der thailändischen Eisenbahn angeschlossen. Von hier aus kannst du entweder in den Norden nach Bangkok oder in den Süden nach Surat Thani fahren.

Kosten: kostenlos
Wann: rund um die Uhr

Weitere Highlights:

- **Hua Hin Beach** – Kosten: kostenlos
- **Wat Huay Mongkol** – Wann: tagsüber, Kosten: kostenlos
- **Sam Phan Floating Market** – Wann: 9.00–18.00 Uhr, Kosten: 100 Baht
- **Wat Tham Khao Tao** - Wann: tagsüber, Kosten: kostenlos
- **Rajabhakti Park** - Wann: tagsüber, Kosten: kostenlos

Highlights: Koh Phayam

Dauer: 4–5 Tage

Long Beach (Ao Yai)

Wann: rund um die Uhr, ideal zum Sonnenuntergang
Kosten: kostenlos

Long Beach (Ao Yai)

Der Ao Yai ist der Hauptstrand der Insel und hat die meisten Unterkünfte und Restaurants. Der etwa 3 Kilometer lange Strand bietet garantiert einen einsamen Platz. Die Sonnenuntergänge sind traumhaft und auch schwimmen kannst du wunderbar. Durch die Wellen ist sogar etwas Surfen, zumindest für Anfänger, möglich. Bei Ebbe zieht sich das Wasser extrem zurück und der Strand wird sehr breit. Ideal für Kinder zum Ballspielen oder Baden. Bei Hochwasser wird der Long Beach jedoch sehr schmal.

Buffalo Bay Viewpoint

Der wohl beste Viewpoint bietet dir einen Ausblick auf den Norden der Insel mit der riesigen *Buffalo Bay*. Dort oben befindet sich auch eine kleine Hippie Bar, wo du dir ein kühles Chang, einen Cocktail, eine Kokosnuss oder andere Getränke bestellen kannst. Du findest die Bar und den Viewpoint bei der nördlichen Hauptstraße vom Long Beach Richtung Pier.

Wann: tagsüber
Kosten: kostenlos

Highlights: Koh Phayam

Monkey Bay (Ao Kwang Peeb)

Die kleine Bucht liegt im äußersten Norden Koh Phayams und ist oft einsam. Lediglich ein kleines Resort und Restaurant befinden sich am Strand. Du kannst hier wunderbar baden sowie schwimmen und auch der Sand ist fein. Da der Ao Kwang Peeb sehr naturbelassen ist und sich direkt neben einem Dschungel befindet, liegen hin und wieder mal einige Sträucher oder Blätter am Strand oder im Wasser herum.

Kosten: kostenlos
Wann: rund um die Uhr

Weitere Highlights:

- **Hippy Bar** – Wann: tagsüber
- **Buffalo Bay** – Wann: rund um die Uhr
- **Dschungel-Trekking** – Wann: tagsüber
- **Kajaktour durch die Mangroven** – Wann: tagsüber
- **Piertempel (Wat Koh Phayam)** – Wann: tagsüber, Kosten: kostenlos
- **Island Hopping Touren, z.B. nach Koh Chang oder den Surin Inseln**
- **Tauchen und Schnorcheln**

Highlights: Koh Mook

Dauer: 2–3 Tage

Sivalai Beach

Der Sivalai Beach ist der bekannteste Strand von Koh Mook. Die Landzunge (auch als *The Wing* bezeichnet), auf der das *Sivalai Beach Resort* liegt, ragt weit ins Meer hinein und bei Ebbe wird diese Sandbank sogar noch verlängert. Von hier aus hast du einen richtig schönen Ausblick auf das Festland von Trang oder auf Koh Mook mit seinen Bergen im Hintergrund.

Wann: rund um die Uhr
Kosten: kostenlos

Emerald Cave / Morakot Cave

Den Eingang der Höhle kannst du nur mit einem Boot erreichen. In der Höhle befindet sich ein Strand, den du nur erreichen kannst, wenn du ca. 80 Meter in die Höhle hinein schwimmst. Der Fahrer des Bootes spielt den Guide für dich. Die Höhle selbst ist grundsätzlich nur bei Ebbe bzw. niedrigem Wasserstand zu betreten. Wenn das Wasser richtig tief steht, dann befindet sich auch noch ein kleiner Strand am Außeneingang der Höhle.

Wann: tagsüber
Kosten: 600 Baht für das Boot zur Höhle

Highlights: Koh Mook

Haad Farang

Der Haad Farang, auch *Charlie Beach* genannt, liegt am *Charlie Beach Resort*. Er befindet sich auf der anderen Seite der Insel mit Ausblick auf Koh Kradan. Auf der linken Seite gibt es das *Koyow Restaurant* mit einem Viewpoint über den Haad Farang, aber auch zum Schwimmen ist der Strand gut geeignet.

Wann: rund um die Uhr
Kosten: kostenlos

Weitere Highlights:

- **Ausflug nach Koh Kradan** – Wann: tagsüber, Kosten: ca. 1200 Baht
- **Ausflug nach Koh Ngai** – Wann: tagsüber, Kosten: ca. 1200 Baht
- **Sabai Beach** – Wann: tagsüber
- **Baan Koh Mook** – Wann: rund um die Uhr

A) Flugzeug / Zug / Bus / Boot (mittleres Budget) €€

1. Bangkok – Cha Am

Bangkok Hua Lamphong (Bahnhof) – Cha Am (Bahnhof)

Buchen: Ticket direkt am Bahnhof oder in einem Tourist Office in Bangkok kaufen.
Dauer: ca. 4 Stunden
Kosten: ca. 90 Baht–150 Baht* (nur 2. oder 3. Klasse verfügbar)

Hinweis: Es fahren täglich 13 Züge in den Süden. Jedoch halten davon nur zwei am Bahnhof von Cha Am. Diese verlassen den Bahnhof in Bangkok etwa um 9:20 Uhr und 15:35 Uhr. Achte darauf diese zu nehmen, wenn du nach Cha Am möchtest. Denn ansonsten hält der Zug nur in Hua Hin (dem nächsten Ort der Route).

2. Cha Am – Hua Hin

Cha Am (Narathip Rd./Thanon Phetkasem) – Hua Hin Bus Station

Buchen: Ticket direkt am Bus oder in einem Tourist Office vor Ort kaufen.
Dauer: 20–30 Minuten
Kosten: ca. 50 Baht*

Hinweis: Es fahren sowohl Busse als auch Minivans von Cha Am nach Hua Hin. Oft kommen diese aus Bangkok und machen nur einen kurzen Zwischenstopp in Cha Am. Alle 15 bis 30 Minuten solltest du jedoch einen Transport nach Hua Hin bekommen.

3. Hua Hin – Koh Phayam

Hua Hin (Bahnhof) – Chumphon (Bahnhof)

Buchen: Ticket direkt am Bahnhof oder in einem Tourist Office in Hua Hin kaufen.
Dauer: 4 Stunden 40 Minuten
Kosten: ca. 370 Baht*

Info: Vom Bahnhof in Chumphon kannst du ein Songthaew (Sammeltaxi) oder Motorrad-Taxi für ca. 50 Baht zum Bus Terminal nehmen. Diese fahren regelmäßig vom Bahnhof ab.

Chumphon – Ranong

Anbieter: Minibus
Buchen: In jedem Tourist Office oder direkt am Bus Terminal.
Dauer: 2 Stunden 30 Minuten
Kosten: 150 Baht*

Ranong Bus Terminal – Ranong Pier

Anbieter: Songthaew (Sammeltaxi)
Dauer: ca. 15 Minuten
Kosten: 50 Baht*

Ranong Pier – Koh Phayam

Anbieter: Nava Andaman
Dauer: ca. 40 Minuten
Kosten: 400 Baht*

Hinweis: Die Speedboote fahren ab 8.00 Uhr morgens mehrmals täglich nach Koh Phayam. Sie fahren jedoch nur in der Hauptsaison (November bis Mai). Ansonsten fährt 2× täglich eine langsame Fähre um 9.30 und 14.00 Uhr etwa 2 ½ Stunden nach Koh Phayam.

4. Koh Phayam – Trang

Koh Phayam – Ranong Pier

Anbieter: Nava Andaman
Dauer: ca. 40 Minuten
Kosten: 400 Baht*

Ranong Pier – Ranong Bus Terminal

Anbieter: Songthaew (Sammeltaxi)
Dauer: ca. 15 Minuten
Kosten: 50 Baht*

Ranong Bus Terminal – Chumphon Bus Terminal

Anbieter: Minibus
Buchen: In jedem Tourist Office oder direkt am Bus Terminal.
Dauer: 2 Stunden 30 Minuten
Kosten: 150 Baht*

Info: Vom Bus Terminal in Chumphon kannst du ein Songthaew (Sammeltaxi) oder Motorrad-Taxi für ca. 50 Baht zum Bahnhof nehmen. Diese fahren regelmäßig vom Bus Terminal ab.

Chumphon (Bahnhof) – Trang (Bahnhof)

Buchen:	Ticket direkt am Bahnhof oder in einem Tourist Office in Chumphon kaufen.
Dauer:	ca. 7 Stunden
Kosten:	ca. 400 Baht* (nur 2. oder 3. Klasse verfügbar)

Hinweis: Der Zug von Chumphon nach Trang ist ein Nachtzug und fährt nur zweimal täglich um 1.27 Uhr und 3.28 Uhr. Er kommt dann um 8.05 Uhr oder 10.36 Uhr in Trang an.

5. Trang – Koh Mook

Trang (Bahnhof) – Koh Mook

Anbieter:	Andaman Island Tour & Travel etc. (in der Straße am Bahnhof)
Dauer:	ca. 1 Stunde 30 Minuten (Minivan und Boot)
Kosten:	200 Baht*

6. Koh Mook – Trang – Bangkok

Koh Mook – Trang Airport (TST)

Buchen:	Ticket direkt in der Unterkunft kaufen.
Dauer:	2 Stunden (Boot und Minivan)
Kosten:	ca. 300 Baht*

Hinweis: Es fahren täglich nur wenige Boote von Koh Mook zum Festland. Buche daher dein Ticket rechtzeitig, damit du pünktlich für deinen Flug am Flughafen von Trang bist.

Trang Airport (TST) – Don Mueang International Airport (DMK)

Airlines:	Air Asia, Nok Air, Thai Lion Air
Buchen:	In jedem Tourist Office, Reisebüro oder online über die Webseite der Airline.
Dauer:	ca. 1 Stunde und 30 Minuten
Kosten:	ca. 1100 – 1500 Baht *

Hinweis: Wenn du einen internationalen Flug erreichen musst, dann solltest du am besten eine Nacht vorher in Bangkok sein und dort in der Nähe des Suvarnabhumi Flughafens übernachten.

* Preise sind für One-Way-Tickets und variieren je nach Saison. Dies sind nur ungefähre Angaben.

B) Zug / Bus / Boot (geringes Budget)

1. Bangkok – Cha Am

Bangkok Sai Tai Mai (Southern Bus Terminal) – Cha Am (Narathip Rd. / Thanon Phetkasem)

Buchen: In jedem Tourist Office oder direkt am Bus Terminal.
Dauer: ca. 2–3 Stunden
Kosten: ca. 150 Baht*

Hinweis: Es fahren etwa 10 Mal täglich Busse und Minivans von Bangkok nach Cha Am von 8.30 Uhr bis 18.30 Uhr. Auch einige der Busse, die nach Hua Hin fahren, machen in Cha Am halt, so dass du diese meistens auch nutzen kannst.

2. Cha Am – Hua Hin

Siehe Route 8 (A) – Punkt 2

3. Hua Hin – Koh Phayam

Hua Hin Bus Station – Chumphon Bus Terminal

Buchen: In jedem Tourist Office oder direkt an der Bus Station.
Dauer: ca. 4 Stunden
Kosten: ca. 250 Baht*

Weiter siehe Route 8 (A) – Punkt 3

4. Koh Phayam – Trang

Koh Phayam – Ranong Pier

Anbieter: Nava Andaman
Buchen: In jedem Tourist Office oder direkt im Hotel.
Dauer: ca. 40 Minuten
Kosten: 400 Baht*

Ranong Pier – Ranong Bus Terminal

Anbieter: Songthaew (Sammeltaxi)
Dauer: ca. 15 Minuten
Kosten: 50 Baht*

Ranong Bus Terminal – Krabi Bus Terminal

Buchen: In jedem Tourist Office oder direkt am Bus Terminal.
Dauer: ca. 5–6 Stunden
Kosten: ca. 250 Baht*

Krabi Bus Terminal – Trang Bus Terminal

Anbieter: Minibus
Buchen: In jedem Tourist Office oder direkt am Bus Terminal.
Dauer: ca. 2 Stunden
Kosten: ca. 100 Baht*

5. Trang – Koh Mook

Siehe Route 8 (A) – Punkt 5

6. Koh Mook – Trang – Bangkok

6.1 Koh Mook – Trang (Bahnhof)

Buchen: Im Hotel auf Koh Mook.
Dauer: ca. 1 Stunde 30 Minuten (Minivan und Boot)
Kosten: ca. 250 Baht*

6.1 Trang (Bahnhof) – Bangkok Hua Lamphong (Bahnhof)

Buchen: Direkt am Bahnhof oder in einem Tourist Office in Trang.
Dauer: ca. 15–16 Stunden
Kosten: 285–1480 Baht* (1., 2. oder 3. Klasse)

Hinweis: Es fahren täglich nur zwei Züge vom Bahnhof in Trang nach Bangkok. Die Abfahrt ist entweder um 13.25 Uhr oder 17.25 Uhr. Der Zug kommt dann am nächsten Morgen in Bangkok gegen 5.25 Uhr oder 8.45 Uhr an.

Abreise von Koh Mook

6.2 Koh Mook – Trang Bus Terminal

Buchen: Im Hotel auf Koh Mook.
Dauer: ca. 2 Stunden (Minivan und Boot)
Kosten: ca. 300 Baht*

6.2 Trang Bus Terminal – Bangkok Sai Tai Mai (Southern Bus Terminal)

Anbieter: Transport Co., Sappaisal, Sri Suthep Tour etc.
Buchen: Direkt am Bus Terminal oder in einem Tourist Office in Trang.
Dauer: ca. 12 Stunden
Kosten: 600 – 1000 Baht* (je nach Buskategorie VIP, 1. Klasse oder 2. Klasse)

Hinweis: Es fahren täglich bis zu 10 Busse von Trang nach Bangkok. Damit du einen Platz im nächsten Bus sicher hast, macht es Sinn das Ticket vorher in einem Tourist Office in Trang zu kaufen. So musst du nicht zu lange auf den nächsten Bus warten.

* Preise sind für One-Way-Tickets und variieren je nach Saison. Dies sind nur ungefähre Angaben.

Reisen in Thailand

Um von einem Ziel zum anderen zu kommen, gibt es in Thailand viele verschiedene Möglichkeiten. Wenn du nur kurze Zeit im Land bist, dann ist das Flugzeug wohl die schnellste Methode, jedoch ist es auch oft die teuerste. In diesem Kapitel möchten wir dir einmal die 4 geläufigsten Transportmittel vorstellen.

Flugzeug

In Thailand gibt es viele verschiedene Fluglinien, die Inlandsflüge anbieten. Die bekannteste und teuerste ist wohl die *Thai Airways* Fluggesellschaft. Daneben gibt es noch die Boutique Airline *Bangkok Airways*, die z.B. **Koh Samui, Trat, Chiang Mai, Phuket** etc. bedient und auch einen etwas höheren Preis hat. Am Flughafen von Koh Samui und Trat hat die Airline zum Beispiel eine Monopol-Stellung, da ihr die Flughäfen gehören bzw. diese von ihr erbaut wurden. Nur wenige andere Fluggesellschaften fliegen diese Orte an.

Um **günstig** mit dem Flugzeug in Thailand zu reisen, können wir dir die "Billig-Airlines" empfehlen. *AirAsia, Nok Air* und *Thai Lion Air* haben die günstigsten Preise und wir waren mit allen 3 Fluggesellschaften zufrieden. Besonders Thai Lion Air hat neue Flugzeuge und ist extrem günstig. Von Surat Thani gibt es teilweise sehr günstige Tickets inkl. 10 kg Freigepäck. Mit Glück machst du ein Schnäppchen unter 20 €.

Bahn

Auch die staatliche Bahn in Thailand wird von vielen Reisenden genutzt, um durch das Land zu fahren. Sehr beliebt sind die Strecken zwischen Bangkok und **Chiang Mai**, sowie zwischen Bangkok und **Surat Thani** im Süden. Du kannst mit der Bahn aber auch bis zu Orten wie **Nong Khai** an der Grenze von Laos fahren.

Es gibt zwar sehr viele Verbindungen, aber oft sind die Flugtickets von *AirAsia* und Co. trotzdem günstiger und schneller. Ein Abenteuer ist so eine Bahnfahrt auf jeden Fall. Eine gute Seite für die Fahrpläne und Zeiten ist **Seat61**.

Bus

Die beliebteste und meistgenutzte Transportmöglichkeit innerhalb Thailands ist der Bus. Busverbindungen finden sich in jedem größeren Ort Thailands und du kannst mit diesen Quer durch das Land fahren. Meistens **sehr günstig** und oft (in den sogenannten **VIP-Bussen**) sogar sehr komfortabel mit Massagesitz, Monitor, Essen und Trinken.

Viele der Busverbindungen führen natürlich über **Bangkok** und früher oder später wirst du wahrscheinlich hier einmal ankommen. Dort gibt es 3 große Busstationen. *Ekkamai* – für Verbindungen in den Osten. *Mo Chit* – für Verbindungen in den Norden. *Sai Tai Mai* – für Verbindungen in den Süden.

Fähre

Viele der thailändischen Inseln sind nur mit einem Boot bzw. einer Fähre zu erreichen und wenn du ein wenig Inselhopping in Thailand machen möchtest, dann wirst du nicht drum herumkommen. Meistens gibt es viele verschiedene Anbieter für eine Strecke und viele davon bedienen auch nur diese eine Strecke. Das heißt sie sind nicht weiter in Thailand tätig, sondern nur dort.

Einer der bekanntesten Bootsanbieter ist *Lomprayah*. Hier wird die Strecke zwischen **Chumphon, Koh Tao, Koh Phangan, Koh Samui** und **Surat Thani** bedient. Ein weiterer bekannter Anbieter ist zum Beispiel *Tigerline*. Hier wird beispielweise **Koh Lanta** und **Koh Lipe** angefahren.

Weitere Infos welche Fluglinien, Busse, Fähren und Bahnen von A nach B fliegen bzw. fahren, findest du in den **Transportguides** zu den jeweiligen Routen (inklusive Anbieter, ungefähre Dauer, Preis u.v.m.)

Transport vor Ort

Neben den Inlandsflügen, der thailändischen Bahn, den Fernreisebussen und Fähren, die in ganz Thailand bzw. zu den Inseln verkehren, gibt es in den einzelnen Orten noch weitere Transportmöglichkeiten. Alle diese genannten Verkehrsmittel für die längeren Strecken sind auch in unseren **Transportguides** der jeweiligen Routen erwähnt.

Hier möchten wir dir die Transportmittel vor Ort einmal vorstellen.

Taxi

In jedem größeren Ort und auch in vielen kleineren touristischen Orten gibt es Taxen. Einige der **Inseln** (Koh Phangan, Koh Tao, Koh Lanta) haben momentan noch keine Taxiunternehmen. Auch gibt es zur Zeit in einigen Orten noch keine Vorschrift, dass das Taxameter angeschaltet wird, aber das kommt gerade nach und nach. Grundsätzlich ist darauf zu achten, dass der Taxifahrer auch das **Taxameter** einschaltet – dann ist die Fahrt meistens auch sehr kostengünstig.

Die Fahrten mit dem Taxameter starten, je nach Ort, zwischen 35 und 50 Baht.

Songthaew (Sammeltaxi)

Die sogenannten Sammeltaxen gibt es eigentlich überall in Thailand. Meist sind es umgebaute Pickups mit zwei Sitzbänken.

Auf dem Land und in Bangkok sind diese sehr günstig und kosten gerade einmal ein paar Baht. Auf den touristischen Inseln wie Koh Samui, Koh Phangan, Koh Lanta etc. sollte aber vorher der Preis **verhandelt** werden. Hier werden auch gerne mal 100 Baht oder mehr pro Fahrt veranschlagt, was dort jedoch im Normalbereich liegt.

Transport vor Ort

Bus

In Bangkok gibt es auch noch Busse. Die Busfahrpläne sind zwar oft nicht so leicht durchschaubar, aber wenn du herausbekommst, welcher Bus in welche Richtung fährt, dann kannst du diese **sehr günstig** nutzen. So kannst du eine mehr oder weniger lange Strecke schon für ein paar Baht hinter dich bringen.

S- und U-Bahn

In der Großstadt Bangkok gibt es des Weiteren auch noch eine S- und U-Bahn – die *BTS* bzw. *MRT*. Mit diesen kannst du schnell und **kostengünstig** die Stadt entdecken. Tickets gibt es schon ab 15 Baht aufwärts. Je größer die Entfernung, desto höher der Preis. Ticketautomaten findest du an jeder Station. Solltest du kein Kleingeld dabei haben, kannst du auch in den kleinen Tickethäuschen Geld wechseln oder direkt dort kaufen.

Motorradtaxi

Das Motorradtaxi wird meistens nur von den Einheimischen benutzt. Nur selten siehst du einen Ausländer dieses Verkehrsmittel nutzen. Hier gibt es keine festgeschriebenen Preise und in den Touristenorten kann dieser für das Motorradtaxi auch gerne mal bei 100 Baht liegen. Der Preis ist natürlich abhängig von der Entfernung.

Taxiboot

Auch gibt es z.B. in **Ao Nang**, **Koh Phi Phi** oder **Koh Phangan** sogenannte Taxiboote. Hier gibt es einige Strände, die nicht mit anderen Fahrzeugen zu erreichen und zu Fuß doch ein bisschen weit sind. Dafür sind die Taxiboote dann perfekt. Die Fahrt kostet meist ca. 100–200 Baht pro Person. Teilweise wartet der Fahrer ein bisschen, bis das Boot mehr gefüllt ist, statt mit nur 1 oder 2 Personen loszufahren.

Transport vor Ort

Tuk Tuk

In Bangkok und einigen Orten wie z.B. Ao Nang gibt es auch die berühmten Tuk Tuks. Das sind eigentlich umgebaute Motorräder, die eine kleine Sitzfläche für Fahrgäste bieten. Die Preise sind hier **Verhandlungssache** und gerade in Bangkok lässt sich der eine oder andere Tourist leicht durch günstige Preise locken. Dabei landest du dann aber gerne mal als **Zwischenstation** bei einem Schneider, Schmuckhändler oder sonstigem, da die Tuk Tuk Fahrer dadurch Provision o.ä. bekommen. Vorsicht also und lass dich nicht übers Ohr hauen.

In den Touristenorten ist das zwar meist nicht der Fall, aber der Preis kann auch hier gerne mal bei 100 Baht pro Fahrt liegen. Auch hier gilt – immer vorher den Preis verhandeln.

Ao Nang

Motorrad oder Auto mieten

Auch eine gute Möglichkeit, Thailand und seine Orte zu erkunden, ist natürlich das Mieten eines Motorrads, Rollers oder Autos. Die Preise starten bei 150 Baht für einen Roller und können auch gut und gerne mal 500 Baht oder mehr für ein Auto pro Tag betragen. Wenn du so Thailand entdecken möchtest, dann ist das eine gute Möglichkeit. Ansonsten bieten die öffentlichen Verkehrsmittel mehr oder weniger kostengünstige Möglichkeiten des Transports an.

Dos and Don‘ts

Dos:

- Sei **immer freundlich** und habe stets ein Lächeln auf den Lippen.
- Iss mit dem **Löffel**. Die Gabel ist nur dazu da, damit du dein Essen auf den Löffel schiebst.
- Habe Spaß (*Sanuk*) in Thailand. Thais mögen es nicht gerne, wenn jemand die ganze Zeit zu ernst ist, sondern lieben den Spaß im Leben.
- Lerne ein **paar Worte Thai**. Es ist höflich und wird zudem sehr gerne gesehen, wenn du wenigstens "Hallo" und "Danke" in der Landessprache sagen kannst (siehe Sprachguide Seite 209).
- **Verhandle** stets den Preis, außer beim Essen. Hier wird niemals gehandelt!
- Wenn morgens um 8:00 und abends um 18:00 Uhr die **Nationalhymne** Thailands aus den Lautsprechern ertönt, dann bleibe stehen, so wie alle anderen. Sobald diese vorbei ist, geht das Leben normal weiter.

Dont‘s:

- Fasse kein Abbild von **Buddha** an (Statuen, Bilder etc.), das gilt als sehr respektlos dem Buddhismus gegenüber.
- Betrete niemals einen Tempel oder einen thailändischen Haushalt mit **Schuhen**. Auch vor einigen Shops solltest du deine Schuhe ausziehen. Dies siehst du aber daran, dass vor dem Eingang schon Schuhe stehen oder nicht.
- Rede nicht schlecht über den **König** bzw. die Königsfamilie. Dies gilt als beleidigend und kann im schlimmsten Fall sogar zu einer Haftstrafe führen.
- **Erhebe nie deine Stimme** oder diskutiere **lautstark** in der Öffentlichkeit. So verlierst du in Thailand dein Gesicht und Thais wollen nicht gerne mit Leuten zu tun haben, die ihr Gesicht in der Öffentlichkeit verloren haben.
- Fasse keinen Thai am **Kopf** an und schon gar nicht bei Kindern. Auch wenn sie noch so süß sein sollten – das wird womöglich als Beleidung aufgefasst.
- Zeige niemals mit den Sohlen deiner **Füße** auf Bilder des Königs, Mönche, Abbilder Buddhas oder Menschen im Allgemeinen.
- Kleide dich beim Betreten eines **Tempels** angemessen. Die Schultern und Knie müssen immer bedeckt sein. Das gilt sowohl für Männer als auch für Frauen!
- Lass die Finger von **Drogen**! Der Konsum und Besitz wird in Thailand sehr viel härter als in Europa bestraft

Sicherheit

Wie sicher ist Thailand?

Grundsätzlich ist das Land sicher zu bereisen. Sowohl als Mann und als Frau. Wenn du mit gesundem Menschenverstand, wie du ihn auch in deinem Heimatland benutzt, an die Erkundung von Orten herangehst, sollte dir im Normalfall nichts passieren.

Trage jedoch am besten deinen **Schmuck** nicht öffentlich zur Schau oder präsentiere dein **Geld** großzügig auf offener Straße. Das könnte die Einheimischen neidisch machen, da manche Thailänder oder Gastarbeiter nicht so viel Geld verdienen. Einige leben in etwas ärmeren Verhältnissen und du möchtest sicherlich keinen Diebstahl, Überfall etc. provozieren.

Ebenso halte dich am Abend am besten von größeren Gruppen **betrunkener Einheimischer** fern. Niemand weiß, wer diese Leute sind. Es kann alles gut ausgehen und du ein paar neue Freunde finden, aber es kann auch in die andere Richtung gehen. Lasse hier lieber die Vernunft walten und halte dich von so etwas fern. Gehe eventuellen Problemen im Vorfeld schon aus dem Weg und lege dich mit niemandem an.

Taschendiebstähle sind auch immer an der Tagesordnung, wie fast in jedem Land. Lass dich davon nicht einschüchtern. Trage am besten nur die wichtigsten Sachen bei dir und wenn es geht eng am Körper.

Uns selbst ist bis jetzt nie etwas passiert, aber mit Vorsicht kannst du einem kleinen Restrisiko trotzdem noch etwas vorbeugen.

Drogen und Alkohol

Allgemein sind Drogen und zu viel Alkohol natürlich nicht gut. Gerade in Thailand solltest du jedoch wissen, dass der Besitz von Drogen viel härter bestraft wird, als in Deutschland. In Thailand kannst du auch für Kleinstmengen ins **Gefängnis** gehen oder sehr hohe Strafen zahlen.

Beim Alkohol können wir dir ebenfalls nur raten aufmerksam zu sein. Trinke am besten nur aus **ungeöffneten Flaschen**. Das Risiko von gepanschtem Alkohol ist zwar nicht allzu groß, jedoch kann es leider vorkommen. Wenn du dir ganz sicher sein willst, dann bleibe bei einem kühlen Bier aus der Flasche oder kaufe nur im 7-Eleven.

Außerdem solltest du dich **nicht vollständig betrinken**. Du bist Gast in einem fremden Land und solltest immer die Kontrolle über dich selbst behalten.

Full Moon Party

Sicherheit

Verkehr in Bangkok

Der thailändische Verkehr

Der Verkehr ist sehr chaotisch und nicht mit dem in Deutschland zu vergleichen. Es sind viele Motorroller unterwegs – teilweise mehr als Autos. Regeln werden oft nicht so richtig beachtet. Sei **vorsichtig, vorausschauend** und fahre **langsam**, wenn du selber Motorroller oder Auto fährst. Bedenke auch, dass in Thailand Linksverkehr herrscht. Weiterhin solltest du auch nicht ohne internationalen Führerschein fahren, da bei einem Unfall die Versicherung nichts zahlt. Außerdem trage immer einen **Helm**! Der schützt nicht nur vor Verkehrskontrollen, sondern kann bei einem Unfall auch überlebenswichtig sein.

Alleine als Frau unterwegs

Thailand ist als Frau grundsätzlich sehr sicher alleine zu bereisen. Thailänder gelten als nicht aufdringlich und eher zurückhaltend. Vorsicht solltest du jedoch auf den großen Partys z.B. der **Full Moon Party** walten lassen. Besonders die betrunkenen Männer (westlich oder asiatisch) können dort aufdringlicher sein, als es dir lieb ist. Achte auch immer auf deine **Getränke**, so dass dir niemand K.O. Tropfen oder ähnliches dort hineingeben kann. Wenn du ansonsten bei deinem Aufenthalt als alleinreisende Frau den gesunden Menschenverstand nutzt, kannst du bedenkenlos in Thailand umherreisen, ohne dass dir etwas passieren sollte.

Aktuelle Informationen

Aktuelle Informationen zur Sicherheit in Thailand bekommst du auf der Webseite des Auswärtigen Amtes (**auswaertiges-amt.de**). Die Ausdrucksweise ist dort zwar immer sehr vorsichtig und es wird fast schon zu voreilig gewarnt, im Land selbst ist es meistens aber nicht so schlimm wie dargestellt. Trotzdem kann es nicht schaden, wenn du dich vor der Reise über die aktuelle Lage im Land informierst.

Gesund bleiben

Auch in Thailand kann es mal passieren, dass du krank wirst. Die **medizinische Versorgung** ist jedoch größtenteils sehr gut und es gibt an jeder Ecke Apotheken sowie viele internationale Krankenhäuser. Diese genießen einen sehr guten Ruf und haben oft auch ausländische Ärzte vor Ort. Teilweise kommen sogar viele Touristen für Behandlungen nach Thailand, da diese entsprechend günstiger sind als z.B. in Europa.

Neben den allgemein bekannten Krankheiten wie **Erkältung** (meist aufgrund der Klimaanlagen), **Magen-Darm** und **Sonnenbrand** gibt es in Thailand ein sehr geringes **Malaria-Risiko** und **Dengue-Fieber** kann auch in einigen Gebieten vorkommen. Wir reisen jedoch seit Jahren nach Thailand und haben bis jetzt weder Malaria noch Dengue-Fieber gehabt.

Eine Vorbeugung bei Malaria mit z.B. Malarone empfehlen wir daher auch nicht. Lieber solltest du dies als Stand-by-Medikation mitnehmen und im Notfall dann zur Bekämpfung von Malaria verwenden. Solltest du erste Anzeichen verspüren (Kopf- oder Gliederschmerzen sowie Fieber), dann suche am besten schnellstmöglichst einen Arzt auf.

Allgemein sind **Mückenstiche** in Thailand relativ häufig und um dich davor zu schützen, solltest du Mückenspray nicht vergessen (du kannst es zur Not aber auch in jedem 7-Eleven in Thailand kaufen) und am Abend am besten etwas längere Kleidung tragen. Auf unseren ersten Reisen hatten wir auch ein Moskitonetz dabei, welches wir aber nicht benutzt haben. In den Unterkünften mit Ventilator ist oft eines vorhanden und in denen mit Klimaanlage findest du sehr selten Mücken, da diese die kühleren Temperaturen nicht mögen.

Ein typischer Stand auf einem thailändischen Markt

Straßenstände und Garküchen

Außerdem möchten wir dir vor der oft diskutierten Hygiene bei **Straßenständen und Garküchen** in Thailand die Angst nehmen. Es gibt eine einfache Regel zu beherzigen und mit dieser hatten wir noch nie Probleme: Dort, wo die einheimischen Thais essen gehen, kannst du auch essen.

Du musst auch nicht auf **Eiswürfel** in deinem Getränk verzichten, wie es so oft geschrieben wird. Auch die Thais trinken kein Leitungswasser und stellen ihre Eiswürfel mit normalem Trinkwasser her.

Hinweis: Du solltest darauf achten, genügend Geld zu haben, um z.B. die Arztrechnung begleichen zu können, wenn du einen Arzt in Anspruch nehmen musst. Die Auslandskrankenversicherung übernimmt zwar die Behandlungskosten, du musst diese jedoch meist im Nachhinein abrechnen. Deine Kreditkarte sollte also im Ernstfall einen guten Verfügungsrahmen haben, da je nach Behandlung die Kosten auch mal 100 € oder mehr betragen können.

Hinweis 2: Zur Sicherheit solltest du auf Reisen immer eine kleine Reiseapotheke dabei haben. Was wir dort hineinpacken findest du als Anhaltspunkt in unserer Reiseapotheke (siehe Packliste auf Seite 204).

Mobiles Internet in Thailand

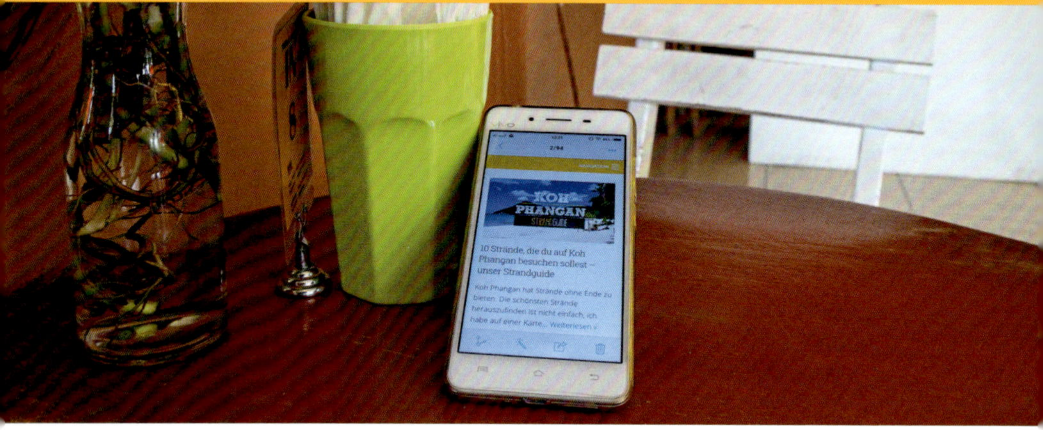

Viele Urlauber und Reisende möchten auch in Thailand den Kontakt über Facebook, WhatsApp, E-Mail etc. zu Freunden und Familie zu Hause pflegen. Eventuell möchtest du auch für dein nächstes Reiseziel im Internet recherchieren sowie ein Hotel oder einen Flug buchen.

Damit du auch in Thailand immer online bleiben kannst, haben wir dir in diesem Kapitel einmal die beiden meistgenutzten Möglichkeiten (WLAN und SIM-Karte) zusammengestellt.

WLAN (Wifi)

Das Wort WLAN wird eigentlich nur im deutschsprachigen Raum genutzt. Solltest du in Thailand nach WLAN im Hotel, Café, Restaurant etc. fragen wollen, dann frage nach **Free Wifi**.

Hotels und Hostels für Backpacker und andere Reisende sind zu 95 % mit Wifi ausgestattet und je nach Ort und Lage der Unterkunft kann es natürlich mal mehr oder weniger gut funktionieren. Insgesamt haben wir aber gute Erfahrungen gemacht und auch ein Upload von Bildern (solange es keine riesigen Datenmengen sind) klappt super.

In Thailand findest du neben großen Coffeeshop-Ketten wie Starbucks auch noch zahlreiche weitere Cafés, Bars und Restaurants mit kostenlosem Wifi. Wenn du dort etwas isst oder trinkst, kannst du auch das Internet nutzen. Meistens erkennst du dies schon an einem Schild vor dem Eingang.

Kleine **Thai Shops und Garküchen** sind jedoch sehr selten mit Wifi ausgestattet. Du bekommst hier zwar leckeres günstiges Essen, aber musst auf deinen Internetzugang verzichten.

Da würde dir dann die **SIM-Karte** weiterhelfen (siehe nächste Seite).

Mobiles Internet in Thailand

SIM-Karte von DTAC

Mobiles Internet / SIM-Karte

In Thailand gibt es 3 Hauptanbieter für SIM-Karten: **DTAC, AIS** und **TRUE MOVE.**

Während AIS und TRUE MOVE die beiden größten Anbieter sind, vergessen viele Leute **DTAC** zu erwähnen. Wir möchten in diesem Kapitel ganz speziell auf DTAC eingehen, da es seit nun mehr als 4 Jahren der Telefonanbieter unserer Wahl ist.

Die Netzabdeckung von DTAC ist in ganz Thailand sehr gut und es gibt nur wenige Plätze, an denen wir mal bemerkt haben, dass wir kein Netz mehr auf dem Handy hatten. Die Verbindung stellt größtenteils **4G** bereit. In den ländlicheren Gegenden, gerade im Nordosten von Thailand, funktioniert manchmal jedoch nur 3G. Wir arbeiten teilweise sogar über die Hotspot-Verbindung des Telefons und haben sie somit ausreichend getestet.

Die DTAC SIM-Karte kannst du in den unzähligen Telefonshops in Thailand oder in jedem **7-Eleven** bzw. **Family Mart** kaufen. Du benötigst dafür nur deinen **Reisepass**, da von diesem zur Registrierung der SIM-Karte (seit Februar 2015 Pflicht) ein Foto gemacht wird. Die SIM-Karte wird gleich beim Kauf aktiviert und nach deiner ersten Aufladung kannst du sofort telefonieren.

Info: Die SIM-Karten haben oft eine Gültigkeit ab Kauf von einer Woche, die sich aber mit Aufladung verlängert. Wenn du also deine SIM-Karte auflädst, kannst du sie **länger nutzen**.

Das sogenannte "*Top-Up*" zum Aufladen der Prepaid-SIM-Karte kannst du in den gleichen Läden wie die SIM-Karte kaufen. Hier gibt es Staffelungen von 60, 100, 200 Baht usw. Außerdem gibt es bei DTAC noch die Option das Guthaben auf der Webseite des Anbieters per Kreditkarte aufzuladen. Du brauchst also nicht mal in den Supermarkt gehen. Funktioniert hervorragend!

Das **mobile Internet** lässt sich ebenfalls sehr einfach aktivieren. Du musst nur einen kurzen Code zur Aktivierung des Internets auf deinem Handy eingeben.

Info: Info: Bei der **Aktivierung** eines Paketes bekommst du von DTAC immer eine **SMS**, leider nur auf Thai. Die App bietet sich daher super zur Übersicht auf Englisch an.

Pakete von DTAC:

Die Pakete stellen unterschiedliche Laufzeiten und Datenmengen zur Verfügung. Die wichtigsten listen wir dir hier einmal auf*. Ansonsten kannst du diese auch jederzeit auf der Webseite von DTAC nachsehen: **www.dtac.co.th/en**

- **Happy Internet 19 Baht / Tag:** 500 MB – Code: *104*881*9# + anrufen drücken
- **Happy Internet 99 Baht / Woche:** 2 GB – Code: *104*342*9# + anrufen drücken
- **Happy Internet 299 Baht / Monat:** 5 GB – Code: *104*325*9# + anrufen drücken
- **Happy Internet 799 Baht/Monat:** 10 GB – Code: *104*916*9# + anrufen drücken

* Die angebotenen Pakete können sich natürlich jederzeit ändern. Sollten diese Codes nicht mehr gültig sein, dann schau einfach am besten auf die Webseite von DTAC.

Wichtig: Wenn du in Thailand eine SIM-Karte in deinem Handy benutzen möchtest, dann solltest du vorher unbedingt darauf achten, dass dein Handy **Simlock-frei** ist. Das heißt, dass du eine SIM-Karte eines beliebigen Anbieters verwenden kannst. Manchmal sperren die Telekom, Vodafone oder O2 in Deutschland ihre Handys, die an einen Vertrag gebunden sind, für andere Anbieter.

Hinweis: Wenn das Datenvolumen deines Paketes für das mobile Internet aufgebraucht ist, wird die Geschwindigkeit extrem gedrosselt. Um ein neues Paket abzuschließen, musst du jedoch das alte Paket kündigen bzw. bis zum Enddatum warten. Um dies zu umgehen, installierst du am besten die DTAC App. Dort kannst du sehr einfach Pakete kündigen oder abschließen.

Bungalows auf Koh Samui

Hotels & Bungalowanlagen

In Thailand findest du von kleinen Bungalowanlagen mit einfachen Holzhütten am Strand bis hin zu teuren Hotels in Bangkok oder den Touristenorten wirklich alles. Du kannst hier mit einem kleinen Budget eine super Unterkunft finden, aber dir auch ebenso mal eine Nacht im 5 Sterne Hotel in Bangkok oder anderswo leisten, was im Vergleich zu Deutschland immer noch günstig ist. Die Auswahl ist wirklich riesig und manche Bungalowanlagen oder privatgeführten Gästehäuser findest du nicht im Internet.

Oft kannst du **vor Ort** eine günstige Unterkunft finden, welche dir zusagt. Du kannst dir in jeder Unterkunft die Zimmer vorher anschauen, bevor du zusagst ein Zimmer zu nehmen.

Preise ab 600 Baht pro Nacht aufwärts.

Resorts

In den touristischen Orten findest du auch zahlreiche Resorts. Oft direkt am Strand, mal aber auch etwas abseits gelegen. Jedoch ist es nicht gewöhnlich, dass thailändische Resorts einen **All Inklusive** Service anbieten, denn meistens befinden sich nicht weit entfernt von den Resorts auch die leckeren thailändischen Garküchen und etliche Restaurants, wo du günstig essen gehen kannst.

Preise ab 1500 Baht pro Nacht aufwärts.

Dreibettzimmer in einem Hostel in Bangkok

Backpacker-Hostels

Da Thailand ein super Einstiegsland für das Backpacking ist, findest du natürlich auch viele Hostels, in denen du Einzel- oder Mehrbettzimmer (sogenannte *Dorms*) buchen kannst. Hier kannst du super Leute kennenlernen, wenn du z.B. alleine auf Reisen bist, und gleichzeitig eine günstige Unterkunft finden.

Preise ab 150 Baht pro Nacht aufwärts.

Hinweis: Wir buchen zumindest die ersten Nächte fast immer vorab, da du nie weißt, wie die Situation vor Ort denn wirklich ist. Wenn es dir in deiner Unterkunft gefällt, kannst du dann immer noch vor Ort verlängern.

Online buchen:

Wir buchen unsere Hotels fast immer über **www.booking.com**, dies ist die beste Hotelsuchmaschine in Asien und dort findest du eigentlich immer ein Zimmer. Ansonsten können wir dir noch **www.agoda.com** oder **www.sawadee.com** empfehlen. Hier findest du ebenfalls eine sehr gute Auswahl an Hotels in Thailand.

Zum Buchen eines Hostels können wir dir **www.hostelworld.com** und **www.hostelbookers.com** empfehlen.

Tipp: Wenn du nicht alleine reist, dann kannst du dir auch mal ein gutes und schönes Hotel oder Resort gönnen, denn der Preis wird dann logischerweise durch 2 oder 3 geteilt.

Ao Nang

Maleedee Bay Resort

Das Resort liegt ein wenig außerhalb des belebten Zentrums von Ao Nang. Mit dem Roller sind es jedoch nur wenige Minuten zu Restaurants, Strand etc. Neben den gut ausgestatteten Zimmern mit Klimaanlage, Fernseher, Kühlschrank, Balkon oder Terrasse und kostenlosem Wifi, gibt es gleich zwei Swimmingpools für die Gäste.

Preis: ab 2000 Baht pro Nacht.

Ao Nang Miti Resort

Das Hotel liegt in einer Nebenstraße der Hauptstraße von Ao Nang. In der Nähe findest du einen 7-Eleven und diverse Restaurants. Mit einem Roller, den du direkt im Hotel mieten kannst, bist du schnell am Strand von Ao Nang. Für die Gäste gibt es einen Swimmingpool und saubere, gepflegte Zimmer mit Balkon, Fernseher, Klimaanlage, Kühlschrank und Wifi.

Preis: ab 1000 Baht pro Nacht.

Ayutthaya

Baan Baimai Boutique Room

Das kleine Gästehaus liegt in exzellenter Lage, um die Tempelruinen von Ayutthaya zu erkunden. Die Zimmer sind mit Klimaanlage, Fernseher, kostenlosem Wifi, Kühlschrank etc. ausgestattet. Die freundlichen Inhaber helfen bei allen Fragen weiter. Außerdem kannst du dir im Hotel Fahrräder ausleihen, um die Gegend zu erkunden.

Preis: ab 900 Baht pro Nacht.

Tamarind Guesthouse

In zentraler Lage liegt dieses Gästehaus in Ayutthaya. Das kleine familiäre Hotel überzeugt mit freundlichem Personal, der Nähe zum Nachtmarkt und einigen Tempeln sozusagen direkt vor der Haustür. Die Zimmer sind mit kostenlosem Wifi, Klimaanlage, Fernseher etc. ausgestattet. Ein toller Ort, um die Tempelruinen zu erkunden.

Preis: ab 600 Baht pro Nacht.

Bangkok

Penpark Place

Das Hotel liegt in der Nähe der berühmten Khao San Road, doch soweit abseits, dass die Nächte sehr ruhig sind. Die Khao San Road sowie ein Bootspier des Chao Phraya Express Boat sind ca. 10 Minuten Fußweg entfernt. Die Zimmer verfügen über Klimaanlage und kostenloses Wifi. Fernseher gibt es nur in den Deluxe Zimmern.

Preis: ab 400 Baht pro Nacht.

Ibis Bangkok Riverside

Das direkt am Chao Phraya Fluss gelegene Hotel ist ein super Ausgangspunkt, um die Stadt zu erkunden. Eine Haltestelle des BTS Skytrain liegt in der Nähe und das Ibis bietet einen kostenlosen Shuttleservice an. Die Zimmer sind mit Klimaanlage, kostenlosem Wifi, Fernseher etc. ausgestattet. Zur Abkühlung gibt es einen tollen Swimmingpool am Flussufer.

Preis: ab 1600 Baht pro Nacht.

Cha Am

Kanyane Resort

Das Kanyane Resort liegt nur 100 Meter vom Strand in Cha Am entfernt. Die modernen Zimmer am Swimmingpool erfüllen alle Wünsche und das freundliche Personal hilft gerne bei allen Fragen weiter. Das Hotel bietet nur wenige Zimmer, weshalb es meist ruhig in der Anlage ist. Ein toller Ausgangspunkt für ein paar Tage in Cha Am.

Preis: ab 1400 Baht pro Nacht.

Bluemoon Cha Am

Das Hotel lockt Gäste mit seiner guten Lage in der Nähe des Strandes. Viele Thais lassen sich hier am Wochenende nieder, so dass du gut mit Einheimischen in Kontakt kommst. Die Zimmer sind sauber und bieten alles, was du brauchst. Der Swimmingpool wertet das Hotel ebenfalls auf und auch zu den Restaurants in Cha Am ist es nicht weit.

Preis: ab 1200 Baht pro Nacht.

Chiang Mai

BB Mantra

In der Nähe des Wat Chiang Man in der Altstadt von Chiang Mai gelegen, bietet dieses Hotel Zimmer mit einem Balkon, Klimaanlage, Fernseher, Safe und kostenlosem Wifi. Außerdem befindet sich dort ein Swimmingpool für die Gäste. Eine gute Ausgangslage, um die Altstadt von Chiang Mai und den Nachtmarkt am Sonntag zu Fuß zu erkunden.

Preis: ab 1600 Baht pro Nacht.

Bupatara Hotel

Dieses Hotel liegt in der Nähe des Chiang Mai Gates in der Altstadt. Nur wenige Minuten vom Nachtmarkt entfernt, bei dem du günstig essen kannst. Die Zimmer sind mit einem kleinen Balkon, Klimaanlage, Fernseher und kostenlosem Wifi ausgestattet. Nach einem anstrengenden Tag und der Besichtigung der Altstadt kannst du im Swimmingpool entspannen.

Preis: ab 800 Baht pro Nacht.

Unterkunftsempfehlungen

Chiang Rai

B2 Chiang Rai

Das B2 Hotel liegt sehr zentral in Chiang Rai. Bis zum Nachtmarkt sind es ca. 10 Minuten zu Fuß, aber es liegen auch einige Essensmöglichkeiten in der Nähe. Außerdem kannst du direkt im Hotel einen Roller mieten, um zum Wat Rong Khun zu fahren. Die einfach ausgestatteten Zimmer beinhalten Klimaanlage, Fernseher sowie kostenloses Wifi.

Preis: ab 450 Baht pro Nacht.

Huen Chan Thip

Im Herzen des Zentrums von Chiang Rai liegt dieses Hotel. Essensmöglichkeiten und auch einige Tempel liegen fußläufig in der Nähe. Die Zimmer sind mit Klimaanlage, Fernseher, Kühlschrank, kostenlosem Wifi etc. ausgestattet. Der Pool lädt zur Abkühlung an heißen Tagen ein. Beim Buchen von Touren oder Mieten eines Rollers hilft das Personal gerne weiter.

Preis: ab 1000 Baht pro Nacht.

Hua Hin

The Smile Loft Hua Hin

Das ruhige Hotel liegt ein klein wenig abseits vom Zentrum Hua Hins. Trotzdem ist es weder weit zum Strand noch zum Nachtmarkt, mit dem Roller nur wenige Minuten. Gäste können neben den komfortablen Zimmern den Swimmingpool nutzen. Auch das Frühstück ist inklusive und sorgt für einen guten Start in den Tag.

Preis: ab 1000 Baht pro Nacht.

Baan Talay51

Die Anlage des Hotels erinnert an einen Garten und versprüht eine gemütliche Atmosphäre. Der Swimmingpool und die mit allen Annehmlichkeiten ausgestatteten Zimmer tragen zum Wohlfühlfaktor bei. Der Nachtmarkt von Hua Hin und der Strand sind etwa einen Kilometer entfernt. Roller kannst du im Hotel mieten, um die Umgebung zu erkunden.

Preis: ab 1200 Baht pro Nacht.

Kanchanaburi

The Best Riverside Guesthouse

Das Gästehaus liegt direkt am Fluss Kwai. Die Zimmer bieten einen Blick auf den Fluss, Klimaanlage und kostenloses Wifi. Die ruhige Unterkunft liegt in Reichweite von einigen Restaurants und der Nachtmarkt sowie Don Rak Friedhof liegen ca. 10–15 Gehminuten entfernt. Zur berühmten Brücke im Ort kann ein Tuk Tuk genommen werden.

Preis: ab 300 Baht pro Nacht.

U Inchantree Kanchanaburi

Das Resort liegt am Fluss Kwai und bietet seinen Gästen neben sauberen Zimmern mit Klimaanlage, kostenlosem Wifi, Fernseher und Safe auch einen kleinen Swimmingpool sowie kostenlose Fahrräder. Das aufmerksame Personal macht deinen Aufenthalt angenehm und steht bei Fragen immer zur Verfügung.

Preis: ab 2000 Baht pro Nacht.

Khao Lak

Khao Lak Summer House Resort

Die ruhige Anlage des Hotels liegt direkt am Strand. Essensmöglichkeiten findest du in wenigen Gehminuten und der Swimmingpool eignet sich für eine Abkühlung. Das Buchen von Aktivitäten oder Mieten eines Rollers ist auch möglich. Die Zimmer sind mit Klimaanlage und kostenlosem Wifi ausgestattet. Gegen Aufpreis gibt es bessere Zimmer mit Fernseher etc.

Preis: ab 1200 Baht pro Nacht.

Apsara Beachfront Resort & Villa

Das Hotel überzeugt mit seiner ruhigen und direkten Strandlage, liegt jedoch etwas weiter vom Zentrum entfernt. Die komfortablen Zimmer sind mit Klimaanlage, Minibar, kostenlosem Wifi, Fernseher etc. ausgestattet. Auch einen Swimmingpool bietet das Hotel seinen Gästen sowie das Buchen von Touren direkt an der Rezeption.

Preis: ab 3000 Baht pro Nacht.

Khon Kaen

Non C Park Hotel

Das am See liegende Hotel, nicht weit entfernt vom Zentrum Khon Kaens, bietet seinen Gästen günstige, aber komfortable Zimmer mit Klimaanlage, Fernseher, kostenlosem Wifi und einem Balkon. Zum Stadtzentrum gelangst du einfach mit einem der Sammeltaxis. In der Nähe gibt es außerdem viele lokale Essensmöglichkeiten.

Preis: ab 500 Baht pro Nacht.

The Terminal Hotel

Dieses einzigartige Designhotel liegt ein wenig außerhalb des Zentrums. Mit einem Tuk Tuk oder Sammeltaxi ist die Stadtmitte jedoch in 10 Minuten zu erreichen. Die Zimmer sind mit Klimaanlage, kostenlosem Wifi, Fernseher, Kühlschrank, Safe etc. ausgestattet. Auch ein kleines Frühstück ist bei diesem Hotel inklusive.

Preis: ab 750 Baht pro Nacht.

Unterkunftsempfehlungen

Koh Chang

Baan Ton Rak Boutique Resort

Das gepflegte Hotel liegt etwas außerhalb des White Sand Beach. Die Besitzer sind sehr hilfsbereit und machen den Aufenthalt sehr angenehm. Die Zimmer sind mit Klimaanlage, Fernseher, kostenlosem Wifi etc. ausgestattet. Außerdem gibt es ein sehr leckeres Frühstück im Hotel. Einen Roller kannst du auch direkt im Hotel mieten, um die Insel zu erkunden.

Preis: ab 1400 Baht pro Nacht.

The Stage – Koh Chang Hotel

Diese stilvolle Unterkunft liegt im Ort Kai Bae und der Strand ist in wenigen Gehminuten zu erreichen. Das ruhige Hotel bietet seinen Gästen saubere Zimmer mit Balkon, Klimaanlage, Fernseher, kostenlosem Wifi etc. Für eine Abkühlung bietet das Hotel außerdem einen Swimmingpool. Ein guter Ausgangspunkt, um Koh Chang zu erkunden.

Preis: ab 1400 Baht pro Nacht.

Koh Kood

The Sunshine Resort

Das Hotel liegt direkt an einem einsamen kleinen Strand mit türkisfarbenem Wasser. Die Bungalows sind alle auf das Meer ausgerichtet und bieten neben einem Balkon auch eine Klimaanlage, Kühlschrank etc. Ein Frühstück ist ebenfalls inklusive. Das freundliche Personal hilft dir immer gerne weiter. Ein tolles Resort, um mal etwas abzuschalten.

Preis: ab 1600 Baht pro Nacht.

A-Na-Lay Resort

Das Hotel bietet günstige Bungalows mit Ventilator und etwas teurere mit Klimaanlage an. Alle Zimmer bieten Balkon bzw. Terrasse, einen Fernseher und kostenloses Wifi. Der Strand liegt in unmittelbarer Nähe und lädt zum Schnorcheln ein. Auch der Swimmingpool bietet sich gut zum Schwimmen an. Frühstück ist ebenfalls inklusive.

Preis: ab 1500 Baht pro Nacht.

Koh Lanta

Gooddays Lanta Beach Resort – Long Beach

Dieses kleine Resort liegt am südlichen Ende des Long Beach. Die einfachen Bungalows sind mit Klimaanlage, Kühlschrank, kostenlosem Wifi und Terrasse ausgestattet. Außerdem bietet das Hotel seinen Gästen einen Swimmingpool, ein Restaurant und die direkte Strandlage. Auch Roller können im Hotel gemietet werden.

Preis: ab 800 Baht pro Nacht.

Golden Bay Cottage – Klong Dao

Am schönsten Strand Koh Lantas gelegen, findest du dieses Resort mit sauberen und gepflegten Bungalows. Klimaanlage, Kühlschrank, kostenloses Wifi, Swimmingpool und Rollervermietung stehen den Gästen zur Verfügung. Der Strand fällt sehr flach ins Meer ab und eignet sich daher auch gut für Familienurlaube.

Preis: ab 1300 Baht pro Nacht.

Koh Lipe

Castaway Resort Koh Lipe

Das direkt am Sunrise Beach liegende Hotel bietet sich perfekt zum Entspannen an. Die Bungalows sind alle mit Ventilator, Balkon, Safe etc. ausgestattet. Kostenloses Wifi gibt es in den öffentlichen Bereichen und auch ein leckeres Frühstück ist im Zimmerpreis inklusive. Außerhalb des Hotels befinden sich viele Essensmöglichkeiten, die zu Fuß erreichbar sind.

Preis: ab 1200 Baht pro Nacht.

The Noi Guesthouse & Restaurant

Das kleine Guesthouse liegt etwas versteckt im Inselinneren, jedoch ist es zu Fuß nicht weit bis zur Walking Street, die dich zum Sunrise oder Pattaya Beach führt. Die Zimmer sind mit Klimaanlage, kostenlosem Wifi etc. ausgestattet und am Morgen gibt es ein leckeres Frühstück. Auch führt von hier ein Weg zum Sunset Beach für traumhafte Sonnenuntergänge.

Preis: ab 1200 Baht pro Nacht.

Koh Mak

Islanda Resort Hotel

Das moderne Hotel liegt sehr ruhig und abgelegen auf Koh Mak, bietet jedoch einen tollen Ausblick auf die Insel. Zum Strand sind es knapp 15 Minuten. Die Zimmer bieten sämtlichen Komfort mit Klimaanlage, Fernseher, kostenlosem Wifi, Balkon etc. Zur Abkühlung kannst du in den traumhaften Infinity Pool springen.

Preis: ab 3000 Baht pro Nacht.

Ao Pong Resort

Das Resort liegt an einem einsamen und unberührten Strand. Der perfekte Ausgangspunkt, um eine Runde zu Schnorcheln. Die Bungalows sind gepflegt und sauber. Sie bieten ihren Gästen kostenloses Wifi, Ventilator, Balkon mit Ausblick aufs Meer etc. Weitere Restaurants oder einen Supermarkt findest du zu Fuß ca. 10 Minuten vom Resort entfernt.

Preis: ab 800 Baht pro Nacht.

Koh Mook

Sivalai Beach Resort

Das Sivalai Beach Resort ist die bekannteste Unterkunft der Insel und bietet moderne Bungalows direkt am traumhaften Strand. Bis zu verschiedenen Essensmöglichkeiten im Dorf der Insel sind es nur wenige Minuten zu Fuß. Die netten Mitarbeiter helfen immer weiter und um die Insel zu erkunden ist dies ein toller Ausgangspunkt. Etwas Luxus im Paradies.

Preis: ab 5000 Baht pro Nacht.

Coco Lodge

Die Bungalows liegen in einer tropischen Umgebung, nur wenige Fußminuten zu Essensmöglichkeiten und schönen Stränden. Die gepflegte Anlage hat eine tolle Atmosphäre und auch das Restaurant vor Ort bietet leckere Speisen. Die Coco Lodge ist sehr einfach eingerichtet, aber besonders für ein Low Budget bestens geeignet. Fahrräder kannst du kostenlos ausleihen.

Preis: ab 900 Baht pro Nacht.

Koh Phangan

The Blue Parrot Beach Resort – Thong Sala

Das Blue Parrot Beach Resort liegt in Thong Sala am Baan Tai Beach. Es bietet einen tollen Ausblick auf die Nachbarinsel Koh Samui und das Meer eignet sich auch super zum Schwimmen. Die schön gestaltete Anlage bietet ihren Gästen Bungalows mit Ventilator oder Klimaanlage, Terrasse und Wifi in den öffentlichen Bereichen.

Preis: ab 450 Baht pro Nacht.

Haad Yao Villa – Haad Yao

Das direkt am Haad Yao Strand liegende Hotel bietet komfortable Zimmer mit Klimaanlage, kostenlosem Wifi, Balkon, Kühlschrank etc. Der Strand vor dem Hotel ist feinsandig, weiß und neben dem Meer lädt auch der Swimmingpool des Hotels zum Schwimmen ein. Bei Fragen hilft dir das freundliche Personal gerne weiter.

Preis: ab 1200 Baht pro Nacht.

Koh Phayam

Bamboo Bungalows

Die preiswerten Bungalows sind simpel eingerichtet und liegen in der Nähe des Strandes. Hier kannst du super abschalten. Das freundliche Personal hilft bei Fragen gerne weiter und das Restaurant bietet leckeres Essen während du den Sonnenuntergang ansehen kannst. Strom gibt es jedoch nur wenige Stunden am Tag. Ein kleines Abenteuer auf Koh Phayam.

Preis: ab 800 Baht pro Nacht.

JJ Beach Resort

Das JJ Beach Resort heißt Gäste mit verschiedenen Unterkünften willkommen. Egal, ob im gut eingerichteten Zelt oder den Deluxe Villen, für jede Preiskategorie gibt es das Richtige. Vor Ort gibt es außerdem ein Restaurant und eine Bar. Die hilfsbereiten Mitarbeiter tragen ihren Teil zu einem schönen Aufenthalt bei.

Preis: ab 700 Baht pro Nacht.

Koh Phi Phi

Phi Phi Dream Guesthouse

Das in der Nähe des Zentrums gelegene Gästehaus bietet einfache Zimmer mit Ventilator oder Klimaanlage sowie kostenloses Wifi. Zu den vielen Bars, Restaurants und zum Strand auf Koh Phi Phi Don sind es nur 5 Gehminuten und auch der Aufstieg zum berühmten Viewpoint über die ganze Insel liegt gleich neben dem Gästehaus.

Preis: ab 500 Baht pro Nacht.

PP Insula Hotel

Das Hotel liegt direkt im Zentrum und zum Pier oder Strand sind es nur wenige Minuten. Die sauberen Zimmer bieten Klimaanlage, Schreibtisch, Fernseher, kostenloses Wifi etc. Ein super Ausgangspunkt, um die Backpacker-Insel Koh Phi Phi zu erkunden. Alles ist fußläufig erreichbar und auch das Personal ist sehr freundlich.

Preis: ab 1500 Baht pro Nacht.

Koh Samet

Samed Chill House – Samet City

Das kleine Hotel in einer Seitenstraße von Samet City liegt nur 5–10 Gehminuten vom Sai Kaew Beach entfernt. Die Zimmer bieten ein komfortables Bett, Klimaanlage und kostenloses Wifi. Trotz der Nähe zum Nachtleben bekommst du hier nicht ganz so viel davon mit und kannst in Ruhe schlafen.

Preis: ab 700 Baht pro Nacht.

Vongdeuan Resort – Wongduan Beach

Eine kleine und ruhige Bungalow-Anlage, die direkt am Ao Wongduan Beach liegt. Der Strand hat feinen weißen Sand und das Meer eignet sich hervorragend zum Schwimmen. Das Resort bietet dir neben sauberen Zimmern mit Klimaanlage und Terrasse, Frühstück, kostenloses Wifi und einen Swimmingpool an.

Preis: ab 2000 Baht pro Nacht.

Unterkunftsempfehlungen

Koh Samui

SP Chaweng Palace – Chaweng

Das Hotel liegt ein wenig abseits der belebten Chaweng Beach Road, jedoch zu Fuß nur ein paar Minuten entfernt. Die Zimmer sind komfortabel mit Klimaanlage, Kühlschrank, Fernseher, Balkon und kostenlosem Wifi ausgestattet. Der Swimmingpool des Hotels lädt zur Abkühlung ein. Eine tolle Ausgangslage zum Erkunden von Chaweng Beach.

Preis: ab 800 Baht pro Nacht.

Ibis Samui Bophut – Bophut

Das Ibis Hotel wartet mit einer tollen Lage direkt am Bophut Beach auf seine Gäste. Die gepflegte Anlage ist sehr ruhig und die Swimmingpools bieten sich zum Schwimmen an. Die Zimmer sind alle mit Klimaanlage, Fernseher, Safe, Balkon, Wasserkocher und kostenlosem Wifi ausgestattet. 15 Gehminuten vom Fisherman's Village in Bophut entfernt.

Preis: ab 1300 Baht pro Nacht.

Koh Tao

Coral View Resort

Das Hotel liegt etwas abgelegen an einer kleinen Bucht mit Ausblick auf Shark Island. Ein toller Spot zum Schnorcheln. Die Anlage ist gepflegt und die sauberen Zimmer sind mit Balkon, Ventilator etc. ausgestattet. Ein Hotel zur Erholung. Der lebhafte Teil von Koh Tao liegt ein Stück entfernt und du erreichst ihn am besten mit einem gemieteten Roller.

Preis: ab 1500 Baht pro Nacht.

Asia Resort

Das Asia Resort eignet sich perfekt für Taucher, aber auch für alle anderen Besucher der Insel. Es werden Tauchausflüge direkt im Resort angeboten. Der Swimmingpool lädt zur Abkühlung ein und auch der Strand und diverse Essensmöglichkeiten liegen nur 5 Gehminuten entfernt. Roller zum Erkunden der Insel kannst du auch in der Nähe mieten.

Preis: ab 700 Baht pro Nacht.

Krabi

Dee Andaman Hotel Pool Bar

Das Hotel liegt zwar ein bisschen außerhalb der Stadt, bietet dafür aber freundliches Personal, einen Swimmingpool und saubere Zimmer. Diese sind mit Balkon, Klimaanlage, Fernseher, kostenlosem Wifi etc. ausgestattet. Das Hotel bietet einen Shuttle in die Stadt an, aber es lohnt sich einen Roller auszuleihen, um Krabi und den Tiger Cave Tempel zu erkunden.

Preis: ab 900 Baht pro Nacht.

Krabi Pitta House

Das Hotel liegt direkt im Zentrum von Krabi Town. Zum Nachtmarkt sind es nur knapp 200 Meter, wo du allabendlich leckeres Thai Food bekommst. Auch weitere Essensmöglichkeiten und einen 7-Eleven findest du in der Nähe. Die Zimmer sind komfortabel mit Klimaanlage, kostenlosem Wifi, Balkon etc. ausgestattet. Ein guter Startpunkt, um die Stadt zu erkunden.

Preis: ab 650 Baht pro Nacht.

Nakhon Ratchasima (Korat)

U Place Korat

Direkt gegenüber der Korat Mall liegt das U Place Hotel. Die gepflegten Zimmer sind mit Balkon, Klimaanlage, Fernseher, kostenlosem Wifi etc. ausgestattet. In der Nähe gibt es außerdem einen Nachtmarkt und viele weitere Essensmöglichkeiten. Das freundliche Personal hilft dir bei Fragen gerne weiter.

Preis: ab 600 Baht pro Nacht.

Romyen Garden Place

Das Hotel ist zentral gelegen und ein guter Ausgangspunkt, um die Stadt zu erkunden. Die großen Zimmer sind mit einem Balkon, Klimaanlage, kostenlosem Wifi, Fernseher etc. ausgestattet. In der Nähe befinden sich viele Essensmöglichkeiten, um die lokale Isaan-Küche auszuprobieren. Auch einen Supermarkt findest du in der Nähe.

Preis: ab 700 Baht pro Nacht.

Nong Khai

The Rim Riverside Guesthouse

Das Gästehaus liegt direkt am Mekong und bietet einen tollen Blick auf Laos. Der Besitzer ist sehr hilfsbereit und steht für Infos immer zur Verfügung. Die Promenade und der Indochina-Markt sind zu Fuß in 10 Minuten zu erreichen. Die Zimmer sind einfach, aber sauber, gepflegt und mit Kühlschrank, Fernseher, Klimaanlage sowie kostenlosem Wifi ausgestattet.

Preis: ab 500 Baht pro Nacht.

Tanzeno Hotel

Das Tanzeno Hotel bietet seinen Gästen große Zimmer mit Klimaanlage, kostenlosem Wifi, Kühlschrank, Fernseher etc. und bietet auch Frühstück an. Das Personal ist sehr freundlich und hilft immer gerne weiter. Bis zum Zentrum von Nong Khai ist es jedoch etwas weiter. Die Strecke ist aber einfach mit den umherfahrenden Tuk Tuks zu bewältigen.

Preis: ab 1000 Baht pro Nacht.

Unterkunftsempfehlungen

Phuket

Lemonade Phuket – Chalong

Das Lemonade liegt an der Ostküste von Phuket im Ort Chalong. Das neue und moderne Hotel verfügt über große und helle Zimmer sowie einen schönen Swimmingpool. Im Hotel kannst du auch Roller ausleihen oder Touren buchen. Außerdem befinden sich Restaurants und ein 7-Eleven ganz in der Nähe.

Preis: ab 1000 Baht pro Nacht.

MT Hotel – Patong

Das Hotel liegt etwas außerhalb des Zentrums von Patong. Nachts ist es hier schön ruhig und die Servicekräfte gestalten den Aufenthalt wirklich schön. Die Zimmer sind komfortabel ausgestattet und im Innenhof befindet sich ein toller Swimmingpool. Auch Roller, Massagen, Touren etc. werden im Hotel angeboten.

Preis: ab 800 Baht pro Nacht.

Sukhothai

EZ House

Das kleine Gästehaus überzeugt mit freundlichem Personal und sauberen Zimmern, die mit Klimaanlage, Fernseher, Kühlschrank und kostenlosem Wifi ausgestattet sind. Vor Ort kannst du dir kostenlos Fahrräder ausleihen, um Neu-Sukhothai zu erkunden. Zum Geschichtspark fahren aus Neu-Sukhothai Sammeltaxis für 30 Baht pro Person.

Preis: ab 400 Baht pro Nacht.

Vieng Tawan Sukhothai Guesthouse

Das Hotel liegt in der Nähe des Sukhothai Geschichtsparks und eignet sich super als Ausgangspunkt für einen Besuch. Die Zimmer sind komfortabel mit Klimaanlage, Fernseher, kostenlosem Wifi etc. ausgestattet. Außerdem beinhaltet der Zimmerpreis ein Frühstück. Vor Ort kannst du dir ein Fahrrad ausleihen, um den Geschichtspark mit diesem zu erkunden.

Preis: ab 700 Baht pro Nacht.

Udon Thani

Surada Guesthouse

Das Gästehaus liegt im Zentrum von Udon Thani gegenüber der riesigen Shopping-Mall UD Town und dem Bahnhof. Direkt dahinter findest du den riesigen Nachtmarkt mit einem großen Essensangebot. Die Zimmer sind klein, aber gepflegt und sauber. Sie bieten dir Klimaanlage, Fernseher, Kühlschrank, kostenloses Wifi und einen kleinen Balkon.

Preis: ab 400 Baht pro Nacht.

Unterkunftsempfehlungen

Kavinburi Green Hotel

Das Hotel liegt gegenüber des Nutty Park mit seinen Bars und nur wenige Minuten vom Nachtmarkt sowie vom Bus Terminal und dem Bahnhof entfernt. Das Hotel bietet dir Zimmer mit Klimaanlage, Fernseher, Safe, Kühlschrank, kostenloses Wifi und als Bonus noch einen kostenlosen Shuttleservice zum oder vom Flughafen.

Preis: ab 1000 Baht pro Nacht.

Raft House in Kanchanaburi

Tipp: Wenn du in der Nebensaison reist, sind viele Hotels nicht ausgebucht. So kannst du vor Ort auch bei teureren Hotels ein Schnäppchen machen, wenn du einfach mal an der Rezeption nachfragst, ob es einen Discount gibt. Aber auch bei der Online-Buchung mit **Booking.com** etc. wirst du die deutlich niedrigeren Preise merken.

Shopping & Märkte in Thailand

Das MBK Center in Bangkok

Viele Besucher kommen nicht nur wegen der schönen Strände oder dem Sightseeing nach Thailand. Auch das Shopping nimmt teilweise einen großen Stellenwert ein. Einkaufen kannst du nämlich fast an jeder Ecke und gerade in Bangkok findest du zahlreiche Shopping-Malls, zumindest im Bereich *Siam/Silom* und der *Sukhumvit Road*. Wir würden sagen, Bangkok ist definitiv ein Shopping-Paradies!

Die beliebtesten Shopping-Malls sind das **Siam Center, Siam Paragon, Central World** und **Terminal 21**. Die Waren in diesen Kaufhäusern sind oft Luxusartikel und so findest du hier Geschäfte der großen Marken wie Armani, Prada etc.

Ein paar günstigere Alternativen sind dagegen das **MBK Center** und die **Platinum Fashion Mall**, wo du die luxuriösen Marken nicht oft vorfindest.

Jedes Mal wenn wir in Bangkok sind, gibt es gefühlt ein neues Shopping-Center. Du wirst hier also reichlich Möglichkeiten finden.

Ein besonderes Shopping-Erlebnis ist der **Chatuchak Markt** in Bangkok. Er ist einer der größten Wochenendmärkte der Welt mit über 10.000 Ständen und du kannst dort wirklich alles kaufen.

Außerhalb von Bangkok gibt es in den größeren touristischen Orten auch oft Shopping-Center-Komplexe. Sehr beliebt ist vor allem das **Central Festival**, welches du z.B. in Chiang Mai oder Koh Samui findest. Aber auch in den anderen Orten wie Phuket oder etwas größeren Städten wie Krabi Town, Khon Kaen, Chiang Rai, Udon Thani etc. findest du das eine oder andere Shopping-Center.

Shopping & Märkte in Thailand

Saturday Walking Street in Chiang Mai

Sehr beliebt zum Einkaufen sind auch die **Nachtmärkte und Walking Streets**, die du ebenfalls in jedem größeren sowie teilweise auch in kleinen Orten findest und die viel von Touristen besucht werden.

In Chiang Mai gibt es z.B. jeden Sonntag eine riesige Walking Street in der Altstadt. Auf Koh Samui gibt es freitags eine große Walking Street im Ort Bophut und auf Phuket findest du am Wochenende den *Naka Weekend Market* zwischen Chalong und Phuket Town.

Das ist aber noch nicht alles, denn auch außerhalb der Märkte findest du zumindest in den touristischen Orten viele weitere Geschäfte entlang der Hauptstraßen, wie in Ao Nang oder an der *Chaweng Beach Road* auf Koh Samui.

Wenn du in Thailand also auch shoppen möchtest, dann solltest du hier voll auf deine Kosten kommen. Aber gerade außerhalb der Shoppingzentren, auf den Nachtmärkten und Walking Streets wird viel **gefälschte Ware** angeboten. Prüfe sie vor dem Kauf unbedingt, denn nicht immer hat diese Ware auch gute Qualität. Wobei du andererseits viele gefälschte Waren so gut wie überhaupt nicht vom Original unterscheiden kannst.

Hinweis: In den großen Shopping-Malls wird bei Preisen nicht so viel gehandelt. Es gibt zwar gerne einen Rabatt, aber erwarte keine großen Sprünge. Auf den Nachtmärkten und Walking Streets solltest du unbedingt feilschen. Oft kannst du ungefähr bei der Hälfte des Preises ansetzen und dich dann mit dem Verkäufer langsam an den Endpreis annähern.

Wo essen – Restaurant oder Garküche?

In Thailand gibt es sehr viele **Straßenstände**, die leckeres Essen in allen möglichen Variationen anbieten. Genauso viele **Restaurants** gibt es aber auch. Besonders in den Touristenorten, wo sich ein Restaurant an das nächste reiht. Für alle, die bei einem längeren Aufenthalt nicht auf westliches Essen verzichten können oder einfach mal wieder Appetit darauf haben, bieten diese Restaurants auch einige Gerichte aus Europa an.

Eigentlich sollte in Thailand niemand verhungern und über die Preise können wir grundsätzlich auch nicht meckern. Selbst wenn du hier ein Steak isst, ist dieses noch **deutlich günstiger** als in Europa.

Aber mal weg vom europäischen Essen, wir sind schließlich in Thailand und die thailändische Küche ist einfach unglaublich lecker! Eine Auswahl unserer Lieblingsgerichte stellen wir dir auf den nächsten Seiten in unserem kleinen Foodguide vor.

Kommen wir also zu der Frage – lieber ins Restaurant oder in eine Garküche?

Unsere Favoriten sind definitiv die **Garküchen**. Du siehst wie frisch alles zubereitet wird, zahlst deutlich weniger als im Restaurant und bekommst ein wirklich super Essen. Die Preise liegen meist so zwischen 60–80 Baht (also 1,50–2 €).

Wenn es doch mal ins Restaurant geht, bevorzugen wir die **Thai Shops**. Sie sind immer noch günstiger als die Touristenrestaurants und unserer Meinung nach auch viel leckerer.

Tipp: Wenn du dir Sorgen über die Hygienezustände machen solltest, dann wähle doch Garküchen oder Thai Shops, wo auch **viele Einheimische** essen. Wenn die das vertragen, dann kannst du das grundsätzlich auch (siehe auch auf Seite 171 Kapitel "Gesund bleiben").

Thai Shop auf Koh Phangan

Hinweis: Die thailändische Küche bietet oft scharfe Gerichte an. Normalerweise wird für Touristen der Schärfegrad aber deutlich gesenkt. Wenn du **wirklich scharf** essen möchtest, dann benutze beim Bestellen die Worte "*pet pet*", heißt in etwa so viel wie "sehr scharf". Wenn du hingegen **nicht scharf** essen möchtest – dann benutze "*mai pet*", was so viel heißt wie "nicht scharf".

Die exotische Küche Thailands hat das Thai Food weltweit bekannt gemacht und erstmalige Besucher Thailands sind leicht von dem reichhaltigen Angebot an Gerichten überfordert. Überall riecht es nach Essen, es gibt Unmengen an Restaurants und Garküchen auf der Straße. Ganz anders als zu Hause.

Hier möchten wir dir einmal eine kleine Auswahl zum Probieren mit auf den Weg geben. Wir haben sie alle probiert und diese kulinarischen Highlights gehören mittlerweile zu unseren **Lieblingsspeisen**!

Salate (Isaan-Gerichte)

Som Tam Poo Plara ส้มตำปูปลาร้า
Papayasalat mit Krabben und fermentierter Fischsauce

Som Tam (Papaya-Salat) ist wohl eines der bekanntesten Gerichte in Thailand. Es gibt unzählige Variationen dieses Salates (je nachdem aus welcher Region diejenigen kommen, die ihn zubereiten). *Som Tam Korat*, *Som Tam Thai*, *Som Tam Poo Plara* und noch einige mehr.

Unsere Lieblingszubereitung ist jedoch Som Tam Poo Plara. Papaya-Salat mit einer Handvoll Chilis, einer halben Limette, 2–3 Tomaten, ein paar grünen langen Bohnen und natürlich jeder Menge Papaya. Das Ganze wird dann mit normaler Fischsauce, etwas Umami, gesalzenen Krabben und einer speziellen, fermentierten Fischsauce gemischt (Plara).

Preis: 30–50 Baht

Laab Moo ลาบหมู
Schweinesalat mit frischen Frühlingszwiebeln und Petersilie

Larb Moo oder Laab Moo wird allgemein auch gerne als "Schweinesalat" bezeichnet. Nicht nur in der Isaan Region wird es gerne gegessen, sondern es ist auch das Nationalgericht der Laoten.

Im Endeffekt ist es gehacktes Schweinefleisch, das kurz gekocht wird. Dazu kommt dann ein wenig Limette, Minze, Koriander, Chili, Frühlingszwiebeln, Zucker und die übliche Fischsauce. Laab Moo lässt sich gut mit dem Papaya-Salat und Klebereis (Sticky Rice) kombinieren.

Preis: 60–80 Baht

Sup No Mai ซุปหน่อไม้
Bambussalat mit Chili und Zwiebeln

Sup No Mai ist ein Bambussalat. Seine Zutaten sind geschnittener junger Bambus, Chilis, Zwiebeln, Umami und eine spezielle Fischsauce. Das Ganze wird in heißem Wasser gekocht. Am besten schmeckt uns der Salat, wenn er noch warm ist! Bambus essen ist vielleicht etwas ungewöhnlich, aber das Gericht ist wirklich sehr lecker.

Preis: ca. 60 Baht

Suppen

Kuai Tiao (Pla / Moo / Gai / Nuea) ก๋วยเตียว
Nudelsuppe Fisch / Schwein / Huhn / Rind

Leckere Nudelsuppe. Die Suppe besteht aus einer klaren Brühe und ist mit Fleischbällchen und dem bestellten Fisch/Fleisch aufgefüllt. Normalerweise ist sie nicht scharf. Die Nudelsuppe kannst du dir selbst mit Chilipulver, Fischsauce, Zucker etc. nachwürzen.

Preis: ca. 50 Baht

Bami Kiau Moo Grob / Moo Daeng
บะหมีเกียวหมูกรอบ
Nudelsuppe mit gelben Nudeln, Teigtaschen und Schwein

Eine Nudelsuppe mit gelben Nudeln und knusprigem Schwein sowie kleinen Wonton-Teigtaschen. Die Suppe ist im Endeffekt eine klare Brühe, in der die Nudeln gegart werden. Dazu kommt noch etwas klein geschnittenes Gemüse (oft eine Art Sellerie), die Teigtaschen mit Fleischfüllung und knuspriges Schwein (Moo Grob).

Die Suppe gibt es aber auch in anderen Varianten mit rot gegartem Schwein (Moo Daeng) und auch komplett ohne Suppe, also das ganze Gericht trocken. Würzen musst du dir die Suppe selbst mit den auf dem Tisch vorhanden Gewürzen wie Fischsauce, Chilipulver, gemahlenen Erdnüssen, Essig mit eingelegten Chilis etc.

Preis: ca. 60 Baht

Tom Yam Goong ต้มยำกุ้ง
Scharfe Shrimpsuppe

Eine der bekanntesten Suppen aus dem Königreich Thailand. Dies ist eine sauer-scharfe Suppe mit Shrimps, Gemüse und Zitronengras. Sehr lecker, aber bringt den einen oder anderen gerne zum Schwitzen. Wahlweise wird hierzu auch Reis bestellt, damit die Suppe noch etwas mehr sättigt. Es gehört für jeden

Thailandbesucher dazu, diese mal zu probieren.

Tom Yam gibt es übrigens auch in verschiednen Varianten mit Fisch, Hähnchen etc.

Preis: ca. 100 Baht

Khao Soi ข้าวซอย
Würzige Currysuppe mit Nudeln und Kokosmilch

Khao Soi ist ein von den Burmesen beeinflusstes Gericht, das meistens nur im Norden Thailands oder in Laos serviert wird. Außerhalb dieser Regionen findest du dieses Gericht sehr selten vor.

Die Suppe ist im Endeffekt ein würziges Curry mit Kokosmilch, Nudeln und Fleisch. Meistens wird hier ein Hähnchenschenkel serviert, der so zart ist, dass das Fleisch schon fast von alleine vom Knochen abfällt. Aber auch andere Fleischsorten können in einigen Läden bestellt werden. Garniert wird Khao Soi mit frittierten, knusprigen Nudeln.

Preis: ca. 60 Baht

Reisgerichte

Pad Kra Pao Moo ผัดกระเพราหมู
Gebratenes, gehacktes Schwein mit scharfen Basilikumblättern und Chili

Pad Kra Pao findest du grundsätzlich in jedem Restaurant und jeder Garküche, es sei denn es werden nur Suppen serviert. Auf der Karte steht meistens Fried Minced Pork With Holy Basil Leaves o.ä. Dies bedeutet auf Deutsch etwa "gehacktes und gebratenes Schweinefleisch mit Basilikum".

Zubereitet wird Pad Kra Pao ganz einfach. Es werden zuerst Chilis mit Knoblauch angebraten. Dann kommen Fleisch und lange grüne Bohnen hinein. Verfeinert wird das Gericht standardmäßig mit Fischsauce, Zucker, Austernsauce, Sojasauce und zum Schluss scharfem Thai-Basilikum. Serviert wird selbstverständlich Reis zum Pad Kra Pao.

Preis: ca. 80 Baht

Khao Pad (Gai / Moo / Nuea / Seafood) ข้าวผัด
Gebratener Reis mit Huhn / Schwein / Rind / Meeresfrüchten

Dies ist das wohl typischste Reisgericht der thailändischen Küche. Gebratener Reis mit

Fleisch und Gemüse. Dazu gibt es extra Chilis in einer Fischsauce zum Nachwürzen für diejenigen, die gerne scharf essen. Jeder Besucher Thailands wird dieses Gericht sicherlich mindestens einmal probieren.

Preis: ca. 50 Baht

Panaeng แกงพะแนง
Curry mit Panaeng Paste in Kokossauce mit Fleisch nach Wahl

Dies ist ein Gericht aus der klassischen Thai-Küche: Panaeng Curry. Die Zubereitung findet mit der entsprechenden Panaeng-Paste statt. Diese wird der im Wok erhitzten Kokosmilch hinzugefügt und verrührt. Darin wird das Fleisch nach Wahl (Schwein, Huhn, Rind) dann gebraten.

Zusätzlich kommen Chilis, Knoblauch und etwas Gemüse (grüne Bohnen oder ähnliches) hinzu. Garniert wird das Panaeng Curry dann meistens mit klein geschnittenen Zitronenblättern. Im Gegensatz zu anderen Curries gibt es hier bei der auf Reis servierten Variante jedoch relativ wenig Sauce. Grundsätzlich ein scharfes Gericht, kann aber auch nicht scharf bestellt werden.

Preis: ca. 80 Baht

Gaeng Kiaw Wan (Gai / Moo / Nuea)
แกงเขียวหวาน
Grünes Curry mit Huhn / Schwein / Rind

Das grüne Thai-Curry ist bei vielen Besuchern Thailands gleichermaßen bekannt und beliebt. Die grüne Currypaste wird in Kokosmilch angebraten. Danach wird das Fleisch in der Suppe des Currys gekocht und am Ende das Gemüse dazugegeben.

Als letztes wird das Green Curry, wie es meist genannt wird, noch mit ein paar Basilikumblättern garniert und dann ist es fertig zum Servieren. Dazu wird Reis gereicht. Das Fleisch kann je nach Wahl Hühnchen, Schwein oder Rind sein. Seafood wird mit Green Curry eher weniger gegessen.

Preis: ca. 80 Baht

Pad Pak Bung ผัดผักบุ้ง
Gebratener Wasserspinat

Pad Pak Bung ist meistens ein vegetarisches Gericht, kann jedoch auch mit Fleischbeilage bestellt werden. Die englische Bezeichnung auf den Menüs lautet Fried Morning Glory. Du kennst dieses Gemüse vielleicht eher unter dem Namen Wasserspinat.

Der Wasserspinat wird hierbei mit Chilis

und Knoblauch gebraten. Eignet sich sehr gut als einzelnes Gericht, aber auch immer als Beilage zu weiteren Speisen.

Preis: ca. 60 Baht

Pad Prik Gaeng ผัดพริกแกง
Gebratenes rotes Curry mit Fleisch

Dies ist ein gebratenes rotes Curry, das grundsätzlich scharf ist. Das Fleisch wird in dem Curry gebraten und mit etwas Gemüse wie grünen Bohnen ergänzt. Verfeinert wird Pad Prik Gaeng natürlich mit Zucker, Fischsauce etc. und zum Schluss noch Kaffir-Limettenblättern. Diese geben zwar etwas Geschmack, sind aber nicht zum Mitessen geeignet. Serviert wird dazu selbstverständlich Reis.

Preis: ca. 60 Baht

Nudelgerichte

Pad Thai (Gai / Moo / Nuea / Seafood)
ผัดไท
Gebratene Nudeln mit Huhn / Schwein / Rind / Meeresfrüchten

Traditionelles Nudelgericht Thailands, welches mit Erdnüssen, Knoblauch, Zwiebeln und Ei gebraten wird. Im Original gibt es dieses Gericht mit Shrimps und Tofu-Würfeln, aber auch jede andere Kombination wird angeboten. Das heißt du kannst natürlich auch Hühnchen, Schwein etc. anstatt den Shrimps wählen. Sehr lecker und sehr zu empfehlen!

Preis: ca. 50 Baht

Sukiyaki / Suki (Gai / Moo / Nuea / Seafood)
สุกี
Gemüsebrühe mit Nudeln und Fleisch

Das Sukiyaki in Thailand hat nicht viel Ähnlichkeit mit der japanischen Variante, außer dem Namen. Das Gericht wird wie bei einer Art Fondue zubereitet. Die Nudeln, das Fleisch, das Gemüse und das Ei werden in einer heißen Brühe gekocht. Dazu wird eine würzige Sukiyaki-Sauce serviert, die den Geschmack des Gerichtes ausmacht.

Thai Sukiyaki (trockene Variante)

Du kannst das Thai Suki entweder als eine Art Suppe bestellen (Suki Nam) oder auch trocken (Suki Haeng). Das Ganze sieht etwas zusammengemanscht aus, schmeckt aber sehr lecker.

Preis: ca. 60 Baht

Rat Na ราดหน้า
Dickflüssige Brühe mit Reisnudeln, Gemüse und Fleisch

Ein weiteres Nudelgericht der thailändischen Küche. Ursprünglich war es ein Thai-Chinesisches Gericht. Es wird mit breiten Reisnudeln, Fleisch nach Wahl, etwas Gemüse wie Karotten oder Sellerie zubereitet. Serviert wird Rat Na in einer dickflüssigen Brühe.

Das Gericht wird außerdem mit den in Thailand typischen Gewürzen verfeinert. Fischsauce, süßer Sojasauce, Zucker und etwas Pfeffer. Es schmeckt auf jeden Fall viel besser als es aussieht.

Preis: ca. 70 Baht

Yam Woonsen ยำวุ้นเส้น
Scharfer Glasnudelsalat

Dies ist ein scharfer Glasnudelsalat, der oft lauwarm serviert wird. Den Salat gibt es in vielen verschiedenen Zubereitungsarten mit Fleisch, Seafood oder auch vegetarisch.

Die Zutaten des Salates sind jede Menge Chilis, Glasnudeln, Zwiebeln, Tomaten, Knoblauch, Sellerie und deine Wahl an Fleisch. Sehr beliebt ist auch die gemischte Variante, in der von jeder Fleischsorte einfach ein bisschen im Salat vorhanden ist.

Preis: ca. 60 Baht

Sonstige Speisen

Pla Duk Yang ปลาดุกย่าง
Gegrillter Wels

Ursprünglich aus der Isaan Region. In ganz Thailand auch gerne als Barbeque Catfish bezeichnet. Pla Duk Yang ist gegrillter Wels (Katzenfisch). Meistens wird er mit Zitronengras für den guten Geschmack und Geruch ein wenig gefüllt und vor dem Grillen in eine Würze sowie auch Salz eingelegt.

Preis: 60–80 Baht

Pla Nin ปลานิล
Gegrillter Buntbarsch

Noch ein weiterer Fisch, den wir absolut lecker finden. Es ist ein Buntbarsch, der mit viel Salz eingerieben und dann so gegrillt wird. Manchmal wird er für den guten Geschmack noch ein wenig mit Zitronengras oder Limonenblättern gefüllt. Dazu wird meist eine scharfe Sauce serviert.

Preis: 150–200 Baht (je nach Größe/Gewicht)

Luk Chin Ping (Pla / Moo / Nuea / Squid) ลูกชิ้นปิ้ง
Gegrillte Bällchen am Spieß aus Fisch, Schwein, Rind, Tintenfisch

Ein kleiner Snack für Zwischendurch. Gegrillte Fleischspieße, die du in der Hand essen kannst. Dazu gibt es meistens etwas scharfe Sauce. In Thailand findest du diese Spieße bei vielen mobilen Garküchen.

Preis: ca. 10 – 15 Baht

Desserts

Khao Niau Ma Muang ข้าวเหนียวมะม่วง
Süße Mango mit Klebereis ("Mango Sticky Rice")

Die beliebteste Nachspeise Thailands. Hierbei wird der Klebereis (Sticky Rice) mit einer dickflüssigen Kokoscreme, Zucker und Salz zubereitet. Dazu gibt es frische, süße gelbe Mango, die in Stücke geschnitten wird. Das Ganze wird ebenfalls mit Kokossauce ergänzt und schmeckt absolut fantastisch.

Preis: ca. 50 Baht

Khao Tom Mud ข้าวต้มมัด
Süßer Klebereis in Bananenblättern

Dieses Dessert wird aus Klebereis, Kokosmilch, Zucker und süßen schwarzen Bohnen gemacht. Das Gericht wird danach in Bananenblätter eingerollt und auch so serviert. Du musst die Bananenblätter dann selbst öffnen und heraus kommt eine etwas klebrige Masse, die süß und lecker ist.

Preis: ca. 20 Baht

Khanom Thien ขนมเทียน
Süßer, klebriger Kuchen in Bananenblättern

Bei diesem Nachtisch werden Tapiokamehl und Erdnüsse in einen nassen Kuchen eingearbeitet und ebenfalls in ein Bananenblatt eingerollt. Du findest es an vielen Straßenständen, die thailändische Desserts anbieten. Sehr süß und klebrig, aber auch sehr gut.

Preis: ca. 20 Baht

Info: Alle Preise sind nur ungefähre Angaben, da diese natürlich von Restaurant zu Restaurant oder Garküche abweichen können. Dies sind nur Richtwerte anhand der thailändischen Garküchen.

Achtung: Beachte bitte, dass in Thailand beim Essen niemals gefeilscht wird. Egal, ob in einer Garküche, einem Thai Shop oder auf dem Markt.

Wie auch in Deutschland gibt es in Thailand jede Menge Feiertage. Viele dieser Feiertage haben einen buddhistischen Ursprung. Diese Feiertage richten sich nach dem traditionellen thailändischen Mondkalender und fallen daher nicht immer auf denselben Tag.

Übersicht der Feiertage in Thailand

31.12. - 01.01.: Silvester / Neujahr

Dieses Fest wird, wie im restlichen Teil der Welt, ebenfalls zur Jahreswende der westlichen Zeitrechnung gefeiert und somit ist der erste Januar ein nationaler Feiertag.

21.01. - 20.02.: Chinesisches Neujahr

Das chinesische Neujahr wird zum Vollmond zwischen dem 21. Januar und 20. Februar gefeiert. Das Fest ist eines der spektakulärsten in Asien und wird fast überall gefeiert. Es dauert 3 Tage und wird meistens im familiären Kreis begangen.

Februar / März: Makha Bucha

Ein buddhistischer Feiertag, der am Vollmond Ende Februar/Anfang März gefeiert wird. Er erinnert an eine spontane Versammlung von über 1200 buddhistischen Anhängern, die zusammen gekommen sind, um sich eine Predigt von Buddha anzuhören.

06.04.: Chakri-Tag

Hier wird an die Besteigung des Throns des ersten Chakri-Königs erinnert. Rama I war damals der König von Thailand und der Gründer der Chakri-Dynastie, die noch heute regiert. Seit dem 6. April 1932 steht eine Statue zu Ehren des Königs Phra Phutthayotfa Chulalok am Chao Phraya in Bangkok und der Chakri-Tag wurde somit zum offiziellen thailändischen Feiertag erklärt.

13.04. - 15.04.: Songkran

Thailändisches Neujahrsfest, oft auch als "Wasserfest" bezeichnet. Auf den Straßen wirst du mit Wasserpistolen und Wassereimern nass gemacht. Das Fest ist ein riesiger Spaß, aber eigentlich ein Reinigungsritual, um das neue Jahr frisch zu beginnen. Diese Tradition wird besonders unter Thais zu Hause oder im Tempel gepflegt.

01.05.: Tag der Arbeit (Labor Day)

Der erste Mai wird auch in Thailand gefeiert, wie in Deutschland und vielen anderen Ländern der Welt. Er hat zwar keine großen Highlights, jedoch sind an diesem Tag alle Banken landesweit geschlossen.

Mai / Juni: Visakha Bucha (Vesak)

Feiertag zur Geburt, Erleuchtung und zum Tod von Buddha. Wird ebenfalls zum Vollmond Ende Mai/Anfang Juni gefeiert.

Manchmal wird der Tag von den Einheimischen auch einfach "Buddha's Birthday" genannt. Wichtigster buddistischer Feiertag.

Juli / August: Asarnha Bucha

Dieser Feiertag wird am Vollmond Ende Juli/Anfang August gefeiert. Es ist ein nationaler buddhistischer Feiertag und erinnert an die erste Predigt Buddhas.

28.07.: Geburtstag des Königs

Nationaler Feiertag zum Geburtstag des amtierenden Königs *Vajiralongkorn* (Rama X).

12.08.: Muttertag

Der thailändische Muttertag wird am Geburtstag der Königin Sirikit gefeiert. Ihr zu Ehren werden landesweit an diesem Tag viele Feste veranstaltet und den wohltätigen Leistungen, die die Königin für die Thais erbringt, gedacht. Die Erlöse der vielen Veranstaltungen zum Muttertag fließen übrigens Wohltätigkeitsorganisationen zu.

13.10.: Todestag von König Bhumibol (Rama IX)

Gesetzlicher Feiertag zu Ehren des ehemaligen Königs *Bhumibol*, der 2016 gestorben ist. Die Thais verehren ihn immer noch sehr.

November: Loy Krathong

Dieses traditionelle thailändische Fest wird zum ersten Vollmond im November gefeiert. Hier werden kleine Boote (Krathongs) zu Wasser gelassen und mit Münzen und Kerzen bestückt, die die Sorgen aus dem vergangenen Jahr davontragen sollen.

Loy Krathong in Chiang Mai

05.12.: Vatertag

Der thailändische Vatertag wird am Geburtstag des Königs Rama IX gefeiert. In Bangkok und vielen Teilen des Landes werden dem ehemaligen König und Vater der Nation, König *Bhumibol*, zu Ehren große Feste und Konzerte veranstaltet.

Neben den oben genannten, wichtigen Feiertagen gibt es in Thailand noch einige mehr. Wie du sehen kannst, haben einige thailändische Feiertage und Feste kein festes Datum, da sie auf den Mondkalender zurückzuführen sind. Die aktuellen Daten findest du meistens am Anfang des Jahres auf diversen Seiten im Internet.

Hinweis: An vielen buddhistischen Feiertagen ist der Verkauf von Alkohol übrigens verboten. Die Geschäfte dürfen an diesen Tagen nichts verkaufen. Verzichte lieber an diesen Feiertagen auf dein Bier oder kaufe es ein paar Tage vorher ein. Trinke es nicht in der Öffentlichkeit.

Welche Währung gibt es in Thailand?

Die offizielle Währung ist der **thailändische Baht (THB)**. Ein Baht besteht aus 100 *Satang*. Die kleinsten Münzen sind daher 25 und 50 Satang, finden aber in der Regel keine Verwendung mehr bei der Bezahlung.

Die gängigen Münzen sind 1, 2, 5 und 10 Baht und die Scheine sind in 20, 50, 100, 500 und 1000 Baht aufgeteilt.

Wie ist der Umrechnungskurs in Thai Baht?

Die Umrechnung von Euro zu Thai Baht ist grundsätzlich ganz einfach. Auch wenn der Kurs manchmal ein wenig schwankt, kannst du generell **1 € = 40 Baht** rechnen.

Den aktuellen Kurs kannst du z.B. hier nachschauen: **finanzen.net/devisen/euro-baht-kurs**

Bargeld oder Abhebungen am Automaten?

Ein **wenig Bargeld** ist als kleine Sicherheit nicht verkehrt, aber wir würden nicht zu viel Bargeld mit uns herumtragen. Sozusagen eine **Notlösung**, falls die Bankautomaten oder die Kreditkarte mal nicht funktionieren. Jedoch birgt viel Bargeld immer das Risiko, dass du es verlieren könntest oder wenn

es mal hart auf hart kommt und du wirklich überfallen wirst oder ähnliches, dann kann das Bargeld schnell mal weg sein.

Bankautomaten (ATMs) gibt es in Thailand fast an jeder Ecke. Die Gebühren bei Abhebungen mit einer Kreditkarte betragen bei den meisten Banken 220 Baht (ca. 5,50 €). Diese werden von der thailändischen Bank erhoben und zusätzlich auf den Betrag deiner Abhebung geschlagen.

Hinweis: Die Geldautomaten geben bei größeren Abhebungen nur 1000 Baht (ca. 25 €) Scheine heraus. Wenn du einen Betrag unter 1000 Baht abhebst, bekommst du natürlich auch kleinere Scheine. Diese großen 1000 Baht Scheine können oft von kleineren Restaurants, Garküchen etc. **nicht gewechselt werden** und das macht das Bezahlen etwas schwierig. Die einfachste Möglichkeit ist es den nächsten 7-Eleven oder Family Mart aufzusuchen, dort kannst du den Schein mit Sicherheit wechseln oder eine Kleinigkeit kaufen und mit dem 1000 Baht Schein bezahlen.

Welche Kreditkarte ist am besten?

Wir empfehlen dir ganz klar die Kreditkarte der DKB! Wir sind rundum zufrieden damit und sie hat auch wirklich viele Vorteile.

Es gibt keine Kontoführungsgebühren und das Abheben ist **weltweit kostenlos**! In Thailand fallen zwar noch die 220 Baht Gebühren der thailändischen Banken an, aber wenn du z.B. auch noch die Nachbarländer Thailands bereist, kannst du mit der DKB Kreditkarte dort überall kostenlos Geld abheben.

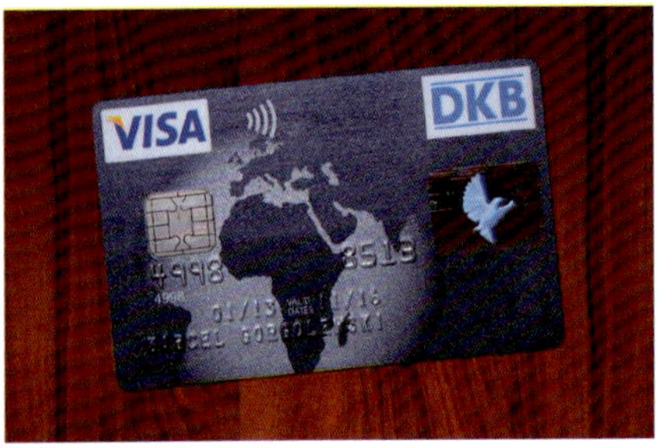

Eine gute Alternative wäre die Kreditkarte der **Santander Bank**. Diese erstattet sogar die anfallenden **Fremdgebühren** zurück. Jedoch könnte es schwierig werden einen monatlichen Geldeingang vorzuweisen, wenn du länger auf Reisen bist. Mehr Infos zur Santander Kreditkarte gibt es auf unserem Blog im Kreditkarten-Artikel (Link siehe Hinweis-Box).

Tipp: Halte immer die Notfallnummern deiner Bank bereit. Falls deine Kreditkarte gestohlen wird, kannst du diese dann umgehend sperren lassen!

Hinweis: Für einen ausführlichen Testbericht der DKB-Kreditkarte, schau doch mal auf unserem Blog vorbei: **www.homeiswhereyourbagis.com/kostenlos-geld-abheben-die-beste-kreditkarte-auf-reisen-nach-suedostasien**

Mit was für einem Tagesbudget sollte ich rechnen?

Die Frage ist nicht ganz so einfach zu beantworten. Es kommt nämlich darauf an, was für Unterkünfte du wählst, wo du essen möchtest und auch wie viele Unternehmungen du einplanst.

Als Backpacker, der in Schlafsälen unterkommt, sich gut von Garküchen ernähren kann, vielleicht nicht ganz so oft die Nacht zum Tag macht und nur selten mal einen organisierten Ausflug bucht, kommst du mit ca. 20–30 € pro Tag mehr als sehr gut über die Runden.

Wenn du etwas mehr Komfort haben möchtest, gerne in Hotels schläfst, dann würden wir das Budget schon etwas höher ansetzen. Kannst du dir das Hotelzimmer teilen, machst du gerne Ausflüge mit, dann plane am besten mindestens 30–40€ pro Tag ein.

Budget & Finanzen

Es geht natürlich alles günstiger oder teurer, es liegt daran welchen Komfort du haben möchtest und welche Art zu reisen dir liegt. Das sind alles nur **Richtwerte**. Im Budget-check probieren wir einmal die Kosten ein bisschen aufzugliedern.

1. Geringes Tagesbudget:

Übernachtung:	5–10 € (Dorm oder geteiltes Hotelzimmer)
Essen:	2–5 € pro Mahlzeit (Garküchen oder Thai Shops)
Roller mieten:	ca. 5 € pro Tag (zzgl. 1 € Benzin am Tag) – damit kannst du günstig dein Sightseeing-Programm selbst organisieren.
Einkäufe:	ca. 5–10 € pro Tag (inkl. T-Shirts, Zigaretten, Wasser etc.)
Gesamtbudget pro Tag:	20–30 € pro Tag

Organisierte Touren oder Langstreckentransporte zu anderen Orten sind in diesem Budget nicht mit eingeplant und sollten zusätzlich kalkuliert werden.

2. Mittleres Tagesbudget:

Übernachtung:	ca. 10–20 € (Einzelzimmer oder geteiltes Hotelzimmer)
Essen:	2–8 € pro Mahlzeit (Garküchen, Thai Shops oder Restaurant)
Roller mieten:	ca. 5 € pro Tag (zzgl. 1 € Benzin am Tag) – damit kannst du günstig dein Sightseeing-Programm selbst organisieren.
Einkäufe:	ca. 5–10 € pro Tag (inkl. T-Shirts, Zigaretten, Wasser etc.)
Gesamtbudget pro Tag:	30–40 € pro Tag

Organisierte Touren oder Langstreckentransporte zu anderen Orten sind in diesem Budget nicht mit eingeplant und sollten zusätzlich kalkuliert werden.

Allgemein bleibt zu sagen, dass die Miete für einen Roller auch wegfallen kann und deine Einkäufe sich günstiger gestalten lassen. Dafür gehst du dann abends mal weg. Bei einer sparsamen Art kommst du aber mit einem dieser Tagesbudgets gut über die Runden. Es liegt an dem Komfortlevel, den du wählst.

Ein **hohes Tagesbudget** haben wir mal ganz weggelassen, denn nach oben sind natürlich keine Grenzen gesetzt. Du kannst gut und gerne auch 30–50 € pro Nacht in einem Luxusresort ausgeben oder dich mit westlichem Essen eindecken. Das erhöht natürlich alles enorm dein Tagesbudget.

Tipp: Falls du länger an einem Ort bleiben willst, z.B. einen ganzen Monat, dann suche dir eine Wohnung oder einen Bungalow zur Langzeitmiete. So haben wir auf Koh Phangan 6500 Baht an Übernachtung für einen Monat gezahlt. Das sind umgerechnet ca. 220 Baht (also 5,50 €) pro Tag – inklusive Wohnzimmer, Schlafzimmer, Kühlschrank, Wifi, Klimaanlage und natürlich ein eigenes Badezimmer.

Packliste für Thailand

Als Reisender brauchst du natürlich die richtigen Sachen für den perfekten Start in deinen Thailand-Trip. Packen ist für viele ein leider notwendiges Übel und bringt oft auch nicht sonderlich Spaß, außer dass die Vorfreude auf die bevorstehende Reise steigt. Damit du auch nichts auf deiner Reise zu Hause vergisst oder dich dauernd fragst, was du denn so für deinen Thailand-Aufenthalt brauchst, haben wir hier für dich eine Packliste zusammengestellt.

Das sind oft alles Artikel, die wir empfehlen, weil wir sie größtenteils **selber benutzen**. Manche Leute packen mehr, manche weniger, aber so hast du schon mal einen guten Anhaltspunkt. Vieles kannst du auch einfach direkt vor Ort in jedem 7-Eleven, Supermarkt oder jeder Apotheke kaufen.

Rucksäcke:

- Großer Reiserucksack (50–60 Liter) oder:
- Mittlerer Handgepäck-Rucksack
- Kleiner Tagesrucksack

Kleidung:

- T-Shirts, Tanktops, Hemden
- Kurze Hosen/Shorts
- Lange Hosen/Trekkinghose
- Badehose(n)
- Jacke/Adidas Firebird/Hoodie
- Hut/Cap (als Sonnenschutz)
- Unterwäsche
- Schuhe (1 Paar Flip Flops & 1 Paar geschlossene Schuhe/Sneaker)
- Socken

Accessoires und Sonstiges

- Sonnenbrille + Etui
- Koffer- bzw. Vorhängeschloss
- Rucksackschutz (für den Flug etc.)
- Handtücher (1 kleines + 1 großes)
- Geldbörsen (Bauchtasche, Geldkatze, Portmonee)
- Ziploc Beutel (für Dokumentaufbewahrung wie Reisepass, Kreditkarten, Flugtickets etc.)
- Kulturbeutel (inkl. wichtigen Inhalten wie Zahnbürste etc.)
- Rasierer
- Sonnencreme/After Sun Lotion
- Mückenspray
- Ohrenstöpsel

Dokumente & Finanzen

- Reisepass und Personalausweis
- Führerschein (deutsch + international)
- Impfpass
- Dokumente/Kopie der Auslandskrankenversicherung + Notfallnummer
- Kreditkarten
- Bargeld (ca. 50–100 € als Notfall)
- 2× Ersatz-Passbilder
- Tauchschein etc. (falls vorhanden)

Packliste für Thailand

Reiseapotheke

- Mini Erste-Hilfe-Set
- Pflaster
- Durchfalltabletten
- Kopfschmerztabletten
- Breitbandantibiotikum
- Zahnschmerztabletten

Technik:

- Smartphone
- Tablet/Kindle
- Laptop
- Digitalkamera/Systemkamera/Spiegelreflexkamera/GoPro
- SD-Speicherkarte(n) für die Kamera
- Externe Festplatte
- iPod + Kopfhörer
- Ladegeräte für Smartphone, Tablet, Laptop, Kamera etc. + Stromadapter
- Powerbank für USB-Geräte

Brauchst du eventuell Hilfe bei der Auswahl der Rucksäcke oder vielleicht bei der Auswahl der technischen Geräte oder Gadgets? Auf der folgenden Seite gehen wir einmal genauer auf die Sachen ein, die wir wirklich auf Reisen dabei haben.

Hinweis: Mache dir nicht zu viele Gedanken um deine Kleidung – mache dich nicht verrückt. In Thailand kannst du überall vor Ort für 40 Baht (ca. 1 €) pro Kilo deine Kleidung **waschen** lassen. Auch das **Shoppen** ist günstig, so dass du dir zur Not auch das eine oder andere T-Shirt kaufen könntest.

Packliste für Thailand

Unsere Artikel, die wir beide immer auf Reisen dabei haben bzw. hatten, sich bewährt haben und welche wir absolut weiterempfehlen können:

- Osprey Farpoint 40
- Tatonka Yukon 60 Liter Rucksack
- Rucksackschutz von Tatonka
- Deuter Giga Daypack (mit Laptop-Fach)
- Jack Wolfskin Kulturbeutel (aufhängbar)
- Tinxi TSA Kofferschloss
- Pearl Reisehandtuch (schnelltrocknend)
- Huawei Smartphone (P20 oder Mate 20)
- Kindle Paperwhite
- MP3-Player
- Lenovo IdeaPad 720S
- Apple MacBook Air
- Canon Powershot G9X
- GoPro Kamera
- GoPro Handstativ / ausfahrbare Teleskopstange
- WD Elements 3,5" externe Festplatte (1 TB)
- Case für die externe Festplatte
- Mini-Powerbank von Anker
- Bauchtasche
- Schweizer Taschenmesser

Ressourcen & Reiseführer

Reiseführer

3 Tage in Bangkok – der Einsteiger-Guide

Unser Buch **3 Tage in Bangkok** richtet sich an jeden Reisenden, der zum ersten Mal in die thailändische Hauptstadt kommt. Auf 96 Seiten findest du kompakt alle wichtigen Infos zu Bangkok sowie 3 ausgearbeitete Routen, auf denen du die Stadt entdecken kannst, inkl. Transportmittel, Preise und Eintrittskosten.

Koh Samui – der Inselguide

Unser Koh Samui Inselguide gibt dir auf 156 Seiten umfangreiche Infos zu Anreise, Planung, Unterkünften etc. sowie 99 spannende Tipps und Aktivitäten für deinen Urlaub auf der Kokosnussinsel.

Stefan Loose

Mit einem 1000-seitigen Reiseführer ist auch das **Stefan Loose** Handbuch für Thailand zu empfehlen. Viel Insiderwissen und super recherchiert. Letzte Ausgabe vom Januar 2018. Laut Amazon auch der Bestseller unter den Thailand Reiseguides. Ebenfalls als Kindle Edition verfügbar.

Koh Phangan – der Inselguide

Unser Inselguide für Koh Phangan bietet praktische Infos auf 188 Seiten. Alles zu Anreise, Planung, Traumstränden, Viewpoints, Wasserfällen, Tempeln, belebten Märkten und mehr.

Phuket Handbuch

Phuket Handbuch: Das perfekte Handbuch für deinen Urlaub in Phuket. Hier findest du alles Wissenswerte über Phuket und sehr viel Insiderwissen vom Autor und Blogger **Sebastian Prestele** (Phuketastic). Sehr empfehlenswert.

Ressourcen & Reiseführer

Weiterführende Ressourcen

Hier noch eine Übersicht über die ganzen Webseiten, wo wir unsere Unterkünfte etc. buchen.

Hotelbuchungen:

- **www.booking.com** – die beste Hotelsuchmaschine für Asien mit guten und günstigen Angeboten.
- **www.agoda.de** – eine gute Hotelsuchmaschine und zum Preisvergleich mit Booking.com.
- **www.sawadee.com** – super Hotelbuchungsportal speziell für Thailand. Alle Preise in Landeswährung verfügbar.
- **www.hostelworld.com** – das Nummer 1 Buchungsportal, wenn du in Hostels mit Schlafsälen günstig unterkommen möchtest.

Flugbuchungen:

- **www.momondo.de** – das für uns beste Flugvergleichsportal mit immer wieder super Angeboten! Ideal auch für Gabelflüge.
- **www.skyscanner.de** – eine sehr gute Alternative zu Momondo.
- **www.kayak.com** – auch ein gutes Portal über welches u.a. auch Flüge gebucht werden können.
- **www.12go.asia** – das Portal bietet viele Flug-, Zug-, Bus- und auch Bootsverbindungen in Thailand und anderen Ländern in Südostasien an.

Finanzen:

- **www.dkb.de** – die beste Kreditkarte für Auslandsabhebungen.
- **www.santander.de** – super Alternative zur DKB und ideal als 2. Kreditkarte.

Weiterführende Infos zu Thailand:

- **www.homeiswhereyourbagis.com** – unser Reiseblog mit zahlreichen ausführlichen Artikeln und Videos über Thailand.
- **www.faszination-suedostasien.de** – ein toller Reiseblog über Südostasien mit vielen ausführlichen Artikeln zu Thailand.
- **www.phuketastic.com** – alle Experteninfos über die Region Phuket. Perfekt für jeden, der dort seinen Thailand-Urlaub verbringen möchte.

Sonstiges

- **www.try-thai.de** – unser neuer Foodblog rund ums Thai Food.

Allgemeines

Ja	Chai (khrap/kaa)
Nein	Mai (khrap/kaa)
Danke	Khop khun (khrap/kaa)
Bitte	Dai proot (khrap/kaa)
Entschuldigung (sorry)	Koo toot (khrap/kaa)
Macht nichts / Keine Ursache!	Mai pen rai (khrap/kaa)
Achtung! / Vorsicht!	Kuam son jai
Hilfe!!!	Chuay duay!

Begrüßen und Kennenlernen

Guten Tag / Hallo	Sawadee (khrap/kaa)
Wie geht's?	Sabai dii mai (khrap/kaa)
Mir geht's gut	Sabai dii (khrap/kaa)
Ich (männlich)	Phom
Ich (weiblich)	Chan
Ich heiße...	Phom/Chan chue...
Wie heißt Du?	Khun chue arai (khrap/kaa)?
Auf Wiedersehen	La gorn (khrap/kaa)
Ich komme aus...	Phom/Chan ma jak...
Sprichst Du Englisch?	Khun phut pasa angrit dai mai (khrap/kaa)?
Ich verstehe nicht	Mai kao jai (khrap/kaa)
Ich spreche kein Thai	Phud pasa thai mai dai (khrap/kaa)
Ein bisschen	Nid noi
Deutschland	Joeremani
Schweiz	Switserland
Österreich	Austria
Europa	Yurop

Einkaufen

Was ist das?	Nii kue arai (khrap/kaa)?
Wie teuer?	Taurai (khrap/kaa)?
Teuer	Paeng
Billig/günstig	Rakha tuug
Ich möchte bezahlen	Gep dang (khrap/kaa)
Nein, danke.	Mai (khrap/kaa), khop khun (khrap/kaa)
Markt	Dtalaad
Ich möchte.../Ich hätte gerne...	Phom/Chan yak au...

Essen/Trinken/Lebensmittel

Restaurant	Raan ahaan
Nachtmarkt	Dtalaad kham
Lecker!	Aroy dee (khrap/kaa)
Guten Appetit	Gin hay aroy (khrap/kaa)
Essen (verb)	Gin
Trinken (verb)	Duem
Ich habe Hunger	Phom/Chan hiu khao (khrap/kaa)
Ich habe Durst	Phom/Chan krahay nam (khrap/kaa)
Ich bin satt	Ihm laew (khrap/kaa)
Frühstück	Ahaan chao
Mittagessen	Ahaan glangwan
Abendessen	Ahaan kham
Scharf	Pet
Nicht scharf	Mai pet
Extra scharf	Pet pet
Rechnung	Check bin
Zigarette	Bourie
Aschenbecher	Tikiabourie
Bier	Biya
Stilles Wasser	Nam plao

Saft	Kann
Wein	Whai
Prost!	Chaiyo/Chon!
Heiß	Ron
Kalt	Yen
Essensstand/Garküche	Phaeng khay ahaan
Fisch	Pla
Garnele	Goong
Hähnchen(fleisch)	Gai
Schweine(fleisch)	Moo
Rind(fleisch)	Nuea
Reis	Khao
Nudeln	Kuai tiao
Gemüse	Pak
Spiegelei	Khai dao
Groß	Yai
Klein	Lek/Noi

Orte

Stadt	Muang
Dorf	Mu baan
Straße	Thanon
Busbahnhof	Satanee rod pra jam tang
Tankstelle	Satanee borigan naman
Hotel	Rong raem
Flughafen	Sanam bin
Strand	Haad
Toilette	Hong nam
Krankenhaus	Rong phayaban
Arzt	Moaa
Polizei	Dam ruat
Apotheke	Ran khay ya

Tempel	Wat
Postamt	Tii tam gan praisanee
Wasserfall	Nam tok
Auto	Rod yon
Motorroller / Motorrad	Rod jakrayan yun / Rod motosai
Fahrrad	Jakrayan
Boot	Ruea
Taxi	Rod taeksi
Bus	Rod bus
Zug	Rod fai
Bahnhof	Satanee rod fai
Flugzeug	Krueang bin
Benzin	Naman bensin
Unfall	Ubatiheed
Krankenwagen	Rod phayaban
Mieten (ausleihen)	Hay chau
Reisepass	Nangsudoentang
Gute Reise!	Mi gan doentang tii dii (khrap/kaa)
Zimmer	Hong

Markt im Isaan

Sprachguide

Zahlen

0	Soon
1	Nueng
2	Song
3	Sam
4	Sii
5	Ha
6	Hok
7	Jet
8	Bpet
9	Gao
10	Sip
11	Sip-et
12	Sip song
13	Sip sam
20	Yee-sip
21	Yee-sip-et
22	Yee-sip song
30	Sam sip
40	Sii sip
50	Ha sip
100	Nueng roi
200	Song roi
1000	Nueng pan
2000	Song pan
10.000	Nueng muen

Achtung: In Thailand wird aufgrund der Höflichkeit noch ein Wort ans Ende des Satzes gehängt: Männlich: ***Khrap*** (oft einfach nur als "Kap" ausgesprochen) – Weiblich: ***Kaa***
Zum Beispiel: *Khop Khun Khrap/Kaa* oder *Sawadee Khrap/Kaa*.

Foto Credits

S. 29, Foto Header: think4photop/shutterstock.com

S. 54, Foto Header (rechts): cowardlion/shutterstock.com

S. 54, Foto Header (links): apiguide/shutterstock.com

S. 102, Foto Header: LightRecords/shutterstock.com

S. 103, Foto Header: Suthikait/shutterstock.com

S. 104, Foto Header: MemoryOnEachStep/shutterstock.com

S. 112, Foto Header: Wuttichok Panichiwarapun/shutterstock.com

S. 113, Foto Header: Blanscape/shutterstock.com

S. 131, Foto Header: whitcomberd/fotolia.com

S. 146: Foto Header (links): getIT/shutterstock.com

Alle anderen Fotos (Inhalt und Umschlag):
© Tobias Meyer/Marcel Gorgolewski (Home is where your Bag is)

Stand: 02/2019 (2. Auflage)

Hinweis: Trotz eigener Erfahrungen und sorgfältiger Recherche übernehmen wir keinerlei Gewähr für die Aktualität, Korrektheit, Vollständigkeit oder Qualität der bereitgestellten Informationen. Alle hier verlinkten Produkte und Buchungsseiten empfehlen wir nur, weil wir sie selbst benutzen und als gut befinden. Einige dieser Links sind sogenannte Affiliate-Links, durch die wir eine kleine Provision erhalten. Der Preis ändert sich dadurch nicht und es entstehen keinerlei Nachteile für dich.

Vielen Dank fürs Lesen und deine Unterstützung!

Für weitere Informationen, spannende Reiseberichte oder hilfreiche Tipps zum Thema Reisen in Südostasien besuche unseren Blog unter: www.homeiswhereyourbagis.com

Besuche uns auch auf unseren Social Media Kanälen:

facebook.com/homeiswhereyourbagis
twitter.com/tobi_bagis
twitter.com/marcel_bagis
instagram.com/homeiswhereyourbagis
pinterest.com/whereyourbagis
youtube.com/homeiswhereyourbagis

Impressum:

Herausgeber und Verlag:
Marcel Gorgolewski und Tobias Meyer GbR, Amselweg 9, 21481 Lauenburg

Autor: Tobias Meyer

Satz & Gestaltung: Marcel Gorgolewski

ISBN: 978-3-948086-02-2

Home is where your Bag is.

BMW
NOVOTEL